L 1.7

M5

34410

AF309310

LA VIE OUVRIÈRE

LES MARINIERS

Observations Vécues

PAR

JACQUES VALDOUR

2ᵉ édition, augmentée

RENÉ GIARD
ÉDITEUR
2, RUE ROYALE
LILLE

ARTHUR ROUSSEAU
ÉDITEUR
14, RUE SOUFFLOT
PARIS

1919

LES MARINIERS

LA VIE OUVRIÈRE

LES MARINIERS

Observations vécues

PAR

JACQUES VALDOUR

DEUXIÈME ÉDITION AUGMENTÉE

PARIS

LIBRAIRIE NOUVELLE DE DROIT ET DE JURISPRUDENCE

ARTHUR ROUSSEAU

ÉDITEUR

14, RUE SOUFFLOT ET RUE TOULLIER, 13

1919

INTRODUCTION

J'ai abordé cette étude sans posséder sur les mariniers la moindre lumière. Ni donnée livresque, ni indication documentaire, ni conclusion d'aucune sorte venue d'aucun auteur n'ont placé leur écran entre moi et la réalité dont je me proposais d'avoir la vision directe.

C'est par la suite que j'ai pris connaissance des brèves et substantielles études de Jean de l'Écluse [1] et de Maurice Talmeyr [2] dont je donne, en appendice, une analyse qui permettra au lecteur de connaître plus complètement la matière et de confronter

1. *La Batellerie*, brochure, chez Lecoffre, Paris.
2. *La Croix sur les eaux*, dans *Le Correspondant*, 25 nov. 1907.

les résultats de la méthode documentaire et de la méthode concrète.

J'ai commencé par travailler, dans le Centre, avec des manœuvres, aux côtés des mariniers et cependant comme si je ne m'étais pas trouvé dans leur voisinage immédiat : brève, mais instructive expérience, qui n'est pas dépourvue de lien avec le sujet traité et que complétera l'épisode de mes rapports accidentels avec les débardeurs du Nord.

Deux semaines et demie de voyage sur les canaux du Centre m'ont fourni d'abondantes indications sur la vie professionnelle et sur le caractère des mariniers. L'insuccès de mes tentatives en vue de répéter cette expérience avec les mariniers du Nord met fortement en relief l'hostilité de la batellerie pour tous ceux qui lui sont étrangers : trait caractéristique, que ma première expérience m'avait seulement permis d'indiquer.

On ne sera ni surpris ni scandalisé de la fréquente crudité d'expressions ou de sentiments des individus observés : les mariniers ne sont point personnages de la Bibliothèque rose.

Cette enquête ne prétend d'ailleurs pas épuiser l'étude concrète d'une importante corporation. Mais il semble bien que mes recherches n'aient pas été stériles. J'en ai reçu ce qu'elles ont pu donner. Ce qu'elles m'ont donné, je le présente au lecteur.

LES MARINIERS

CHAPITRE PREMIER

DÉBARDEUR A ROANNE.

Je trouve malaisément à me loger. Pendant toute une matinée, j'explore vainement, dans divers quartiers, plusieurs rues ouvrières. Il a suffi de quelques travaux au chemin de fer pour attirer des ouvriers du dehors : ils occupent tous les locaux disponibles. Je finis cependant par découvrir un logement de deux pièces, chambre et cuisine, fraîchement réparé. On m'en demande 3 fr. 50 par semaine. Un très petit lit de fer, une table, deux chaises, un seau et une sorte de cuvette de terre vernissée constituent tout le mobilier. « Il n'y a pas de rideaux aux fenêtres, me dit la logeuse. Mais ça n'est pas nécessaire. Vous n'avez qu'à laisser les persiennes fermées : ça fait le même effet. »

Je déjeune dans un petit restaurant ouvrier du quartier du centre. Le patron et sa femme mangent à une table voisine. Un ouvrier peintre, de leurs amis, les ayant aperçus par la porte ouverte, entre. les yeux brillants et la paupière lourde, et s'assied près d'eux. Il vient de prendre plusieurs absinthes avec des camarades. Ici, tout en causant, il vide quelques verres de vin. Son débit est vif, saccadé, abondant, par instants violent, bien qu'il ne s'agisse que de choses banales. « Du temps de ma première femme, un jour que je rentre pour déjeuner, ayant bu déjà un petit coup, je deviens furieux à la vue de ce qu'elle m'a préparé et je jette tout par la fenêtre, sauf la soupière ! Puis je m'en vas... Ma femme n'avait rien dit. Elle me laisse descendre. Mais, au moment où je franchissais la porte, je reçois la soupière sur l'épaule et ma femme me crie : T'avais oublié la soupière, la voilà !... » A ce souvenir, il s'esclaffe...

Pendant les vingt minutes que je reste

dans ce restaurant, il y défile deux hommes et trois femmes du voisinage venus, l'une pour boire un verre de « blanche » à deux sous, une autre pour acheter un litre de « blanche », les autres un litre de vin. Ce sont, tous, des malheureux aux traits ravagés, au corps décharné, aux vêtements misérables.

Sur les quais du bassin règne en ce moment fort peu d'activité. J'entre cependant demander de l'embauchage au bureau de la Compagnie de chargement des marchandises. L'employé me répond que l'on n'a besoin de personne. J'insiste : « Inscrivez-moi tout de même... S'il vous faut renouveler une équipe ou remplacer quelqu'un lundi prochain...» (Habituellement, il y a des défaillants le lundi, jour de noce). L'employé reprend : « Un accident survenu à une écluse arrête le travail. Ce soir, nous mettons tout le monde à pied... Enfin !... » Il note négligemment mon adresse et mon nom. « S'il y a du nouveau on vous le fera dire. En tout cas, il est inutile que vous reveniez ici. Adressez-vous directement au contremaître que je préviendrai. »

Précaution contre mon importunité possible.

Un véritable ouvrier en éprouverait une grande déception : il se rendrait compte du peu de chance qui lui reste d'échapper à la détresse dont il est menacé ; il se verrait rejeté à toutes les incertitudes du lendemain. Moi, *je sais* que l'on me prendra. Si je m'en vais d'un pas lent, traînant mes espadrilles, dos rond, tête basse, c'est, conformément à mon rôle, pour ressembler à ces quêteurs de travail dont l'attitude, tout en contraste avec la démarche assurée de l'ouvrier nanti, exprime l'humilité et la crainte. Les moyens de subsistance de l'ouvrier ne sont que trop souvent à la merci d'un incident : il est exact que l'on doit réparer une écluse ; par suite, presque tout le travail sera momentanément suspendu sur les quais du bassin. La difficulté de la découverte du travail et la précarité de la situation de l'ouvrier qui en est pourvu restent le souci constant des travailleurs.

En attendant un avis du bureau, j'erre par les rues et les places, sur les quais de la Loire et les berges du canal. A la porte d'une usine, trois jeunes ouvriers, assis sur le bord du chemin. attendent que la cloche les appelle. Un gamin passe, conduisant une chèvre à l'abattoir voisin. « Vends-moi un gigot ! » lui crie l'un d'eux. Un autre : « Prends garde ! ta chèvre va faire un chevreau ! — Non, un veau ! » corrige le troisième. L'enfant passe sans mot dire. Mais, quand il est assez loin pour ne plus craindre les représailles, il leur jette un « Tas de c...! » énergique et vengeur. Je ne rencontre ni chômeurs, ni rôdeurs, ni oisifs suspects, si j'excepte, en trois jours de flânerie. deux voyous couchés dans l'herbe des talus. Cependant il y a du chômage : mais ceux qui en souffrent restent au logis ou à ses environs immédiats

Je me promène le long du canal. Survient soudain la pluie. Sous l'arbre où je m'abrite se réfugie un faucheur du voisinage. « J'ai travaillé pendant deux ans sur les canaux, me dit-il. Je sais ce que c'est. Mais les mariniers nous traitent de paysan ! Ils nous méprisent ! Paysan ? que je leur disais. Ben ! sans le paysan, vous n'auriez pas de quoi manger, ni pain, ni vin, ni beurre, ni viande, ni rien ! C'est nous qui nourrissons tout le monde ! » En quelques mots, il a mis en relief l'importance de son état et la stupidité de ces conflits nés du vaniteux désir des uns de faire admettre que leur fonction les rend supérieurs à ceux qui en remplissent une autre. « Ah ! ce n'est pas la besogne qui manque aux champs ! poursuit le cultivateur. Ce sont les bras ! Les jeunes gens s'en vont à la ville : elle les retient. Quand il y a du chômage dans les usines, pas de danger qu'ils viennent chercher du travail par ici ! Ça ne s'est jamais vu ! ils aiment mieux ne rien faire. »

A l'heure du dîner, j'entre dans un petit café-restaurant du centre de la ville. Le patron m'apporte une portion de civet et un morceau de pain : « Avec ça ? interroge-t-il ; une chopine ? — Non. seulement de l'eau [1]. » Il jette un rapide coup d'œil sur mes espadrilles et mon mauvais maillot de coton, paraît

1. Voilà un exemple d'expérimentation substituée à la simple observation. On verra, un peu plus loin, l'emploi du même procédé expérimental et la réaction différente qu'il a déterminée chez la patronne d'un petit restaurant du bassin.

réfléchir un moment, puis : « Vous n'avez pas de travail ? Vous êtes venu en chercher ? — Oui ; et j'espère en avoir dans quelques jours. » Alors il emplit de vin mon verre : « Tenez ! prenez toujours ça. » Mon repas terminé : « Combien ? lui dis-je. — Trente centimes. » Je les lui donne. Il me rend un sou : « Gardez-le pour vous acheter un cigare. » Et, comme je le remercie : « Et puis, demain, si vous avez l'occasion de passer par ici, entrez donc ! »

Pour la première fois de ma vie, je reçois l'aumône. Ce que j'éprouve ? Aucun sentiment d'humiliation : je reste très touché de l'acte de charité discrète et spontanée par lequel ce brave homme, me croyant dans le besoin, vient, en toute simplicité de cœur, au secours d'un modeste client de passage. Sur une dépense qui s'élève à quarante centimes en y comprenant le vin, il me fait une remise de quinze centimes : son bénéfice, à coup sûr, et peut-être même au delà.

L'écluse est réparée. La circulation sur le canal a repris. Je reçois une note du bureau m'invitant à me présenter le lendemain, à six heures du matin, pour commencer mon travail.

... Il tombe une pluie fine depuis plusieurs heures déjà ; mais elle cesse fort à point lorsque j'arrive sur les quais du bassin. Près du bureau, un jeune homme de vingt et quelques années attend le contremaître pour lui demander de l'embaucher. Des manœuvres surviennent, puis le contremaître qui m'envoie avec trois hommes décharger un bateau. Je croise, l'instant d'après, le sans-travail dont les vêtements convenables accusent un chômeur de haut métier. Il me demande, morne : « Ça y est ? — Oui. » Il s'éloigne en silence, d'un pas lent, l'air plus las : on n'a pas eu besoin de ses bras.

Nous sommes quatre dans mon équipe. Nous devons, entre six heures et onze heures, emplir les deux tiers d'un wagon avec les bouteilles vides qui chargent un chaland. Les hommes des différentes équipes appartiennent à divers métiers ; ils sont de tout âge et de tout costume, drap, toile bleue, velours. Le chef de mon équipe porte une cinquantaine d'années. Des deux autres hommes, l'un frise la soixantaine ; on l'appelle La Cerise ; l'autre, Feuillée, âgé de quarante ans, est d'aspect vigoureux, de physionomie intelligente et énergique ; La Cerise a l'air résigné des gens qui font cette besogne parce qu'il faut vivre et en faire vivre plusieurs autour de soi. Sur le visage de Feuillée se lit l'expression dure et fermée des hommes de métier que leur honnêteté courageuse contraint d'accepter toute besogne, quelle qu'elle soit, mais qui souffrent en eux-mêmes de descendre à l'humiliation de n'être plus qu'un homme de peine.

Des mariniers flânent sur le quai ou à l'arrière de leurs bateaux. Nous poussons un wagon juste devant le chaland de bouteilles. Le marinier retire silencieusement la bâche qui les recouvre. A nous quatre, nous plaçons une lourde passerelle de façon qu'une de ses extrémités pénètre dans le wagon et l'autre repose sur une poutre qui l'isole de la paille recouvrant la masse de verre. Le chef d'équipe se tient dans le wagon pour recevoir les casiers, les vider et disposer les bouteilles en tas. Mes deux compagnons, sur le bateau, emplissent les casiers à raison de dix bouteilles pour chacun d'eux et les font sauter sur la passerelle. C'est moi qui les reçois et les porte au wagon. Je n'ai que juste le temps de rapidement aller et venir.

Dès le début de ce travail matinal, sous le ciel couvert, et bien que je sois seulement vêtu d'un pantalon de toile bleue, d'une flanelle et d'un maillot de coton, je transpire abondamment et le cœur me saute jusque dans la gorge. Au bout d'une heure, deux ampoules apparaissent à chaque doigt et une large écorchure à l'un deux ; le frottement des caisses sur le pantalon me meurtrit les jambes. Après la deuxième heure, il suffit que je m'arrête un instant pour sentir de nombreuses contractions tétaniques dans tous les muscles. A la fin de la matinée, j'éprouve la sensation d'avoir tous les os disloqués. Ces remarques, dépourvues d'intérêt en ce qui me concerne — je ne puis avoir des mains ni des muscles de débardeur — prennent quelque valeur si l'on songe qu'un semblable travail n'est pas exécuté seulement par des professionnels, mais, parfois aussi, par des ouvriers de toute catégorie, dont plusieurs, habitués à une besogne n'exigeant que de l'adresse et du savoir technique, sont amenés à accepter momentanément cette tâche pour se nourrir et nourrir leur famille.

Feuillée semble bien n'être venu là que contraint par la nécessité. Pendant la première heure, il n'a desserré les dents que deux fois, pour rudoyer le père La Cerise qui l'a gêné en poussant contre lui un casier vide. Ce n'est pas que Feuillée soit un mauvais homme. Mais il sent gronder en lui la colère d'en être descendu là et il est tourmenté par l'inquiétude des lendemains : tâche de hasard que sa tâche présente, et salaire de hasard. L'alliance qu'il porte au doigt indique qu'il n'a pas à penser qu'à lui seul. La Cerise garde le silence : à son âge, on en a vu d'autres ! Il sait qu'on ne prend guère les vieux à l'embauche, qu'il faut subir ce qu'on ne peut empêcher et s'en tenir fermement à ce que l'on a trouvé.

« Qui qu'a trois sous pour payer une

blanche ? s'écrie le chef d'équipe. Allons ! père La Cerise ? — Pas le rond », fait l'autre. Le chef d'équipe lui donne trois sous et l'envoie chercher en cachette un petit flacon de « blanche ». La Cerise se faufile derrière les palissades et revient bientôt avec le précieux liquide. Un marinier consent à prêter un petit verre que l'on remplit à moitié, successivement, pour chacun de nous. « Vous enlevez les casiers comme quelqu'un qui n'a pas fait ça, me dit le chef d'équipe. Vous n'avez pas encore travaillé ici ? — Oh ! non. J'arrive de Lyon où je travaillais les métaux, à l'établi. — Ah ! » Quelques instants se passent. Feuillée me demande : « Vous n'êtes pas d'ici ? — Non. Je viens de quitter Lyon. — Alors, conclut-il d'une voix sourde, c'est donc comme ici ; du chômage partout ! » A son tour, le père La Cerise interroge : « Vous êtes arrivé hier ? — Non. Il y a plusieurs jours. J'ai dû attendre avant d'être pris. Ça ne va pas fort, le travail ! A quoi ça tient-il ? — Je ne sais pas, fait le père La Cerise. C'est déjà maintenant comme au mois d'août. Et il y a encore deux mois d'ici là !... »

Le contremaître vient faire sa tournée. Il interpelle brusquement l'homme du wagon : « Vous ne mettez pas assez de paille entre les rangées de bouteilles !... N'allez pas si vite et faites mieux ! gronde-t-il en sacrant... Ne le faites pas à l'anglaise. Vous avez le temps. » Il parle sur le ton rude et bref d'un adjudant.

Un peu après, le patron apparaît sur le quai. Mon chef d'équipe, dès qu'il l'aperçoit, souffle : « V'là Pierre Morin ! » Et il saccade : « Pié-pié ! Pié-Pierre !... » Feuillée reprend en écho, sans s'arrêter d'empiler des bouteilles dans les casiers : « Morin ! Morin ! » Et, de son wagon, le chef d'équipe ponctue : «Oui, Morin Fil-de-Soie ! »

A huit heures, nous avons une demi-heure de repos. Nous nous dispersons dans les cabarets voisins pour manger une soupe et boire un demi-litre de rouge. A la table voisine de la mienne, trois manœuvres lutinent la fille de la maison en lui contant des gaudrioles. Elle rit, riposte, puis : « Regardez donc, s'écrie-t-elle, les asticots qui font de la gymnastique sur le fromage ! » Elle en cueille un sur la pointe d'un couteau et le dépose dans l'assiette du client le plus proche.

J'apporte à mes compagnons, pour ma bienvenue, une demi-bouteille que nous nous partageons après avoir achevé d'emplir le wagon. Il est neuf heures trente. Nous avons travaillé vite. Comme cette tâche nous avait été assignée pour la matinée, nous serons libres plus tôt. Le contremaître nous retient encore pendant une heure pour quelques menues corvées : avec une fourche et un râteau pour nous quatre, nous enlevons les brins de paille qui salissent le quai ; puis nous aidons à pousser un wagon vide, dix mètres plus loin ; enfin nous sortons de la cour d'une maison de charbonnage un wagon plein, et le concierge nous verse à chacun un canon de vin rouge.

Au cours de cette matinée, j'ai bu quatre verres de vin et un peu de « blanche ». J'en sentais le besoin : mon travail m'altère et la fatigue incline à chercher un stimulant.

Nous devrions travailler jusqu'à onze heures. Mais, à dix heures trente, tout étant terminé, le contremaître nous renvoie. Le père La Cerise me dit, sur un ton qui traduit à la fois

sa lassitude résignée et de la satisfaction :
« On n'a pas eu trop d'ennuis, ce matin ! »

Aux approches d'une heure, les hommes attendent, groupés, l'arrivée du contremaître. Ils échangent entre eux quelques mots. « Nous avons fait cinq mille, ce matin ! » dit un jeune manœuvre. (Sans doute cinq mille paquets.) Un vieux réplique : « T'as enrichi l' patron ! » Le jeune homme reprend : « Si le chômage continue, on ne pourra plus boire que de l'eau. Si encore c'était de l'eau propre ! Mais c'est de l'eau de chiotts ! de quoi attraper la crève !... Oh ! pis, tant mieux, alors ! Tant plus que y en aura qui crèveront, de nous autres, tant mieux ça sera ! ça fera du travail pour ceux qui resteront ! »

Aujourd'hui, nous commençons notre besogne à 1 h. 15, au lieu d'une heure, et nous serons renvoyés à 6 h. 45, au lieu de sept heures. Nous aurons ainsi gagné une demi-heure le matin et une demi-heure le soir. Le travail de l'après-midi comporte une interruption régulière, de 4 heures à 4 h. 30, pour la collation. En outre, à chaque changement de tâche, nous bénéficions de petites pauses. Nous sommes menés avec douceur.

Mais ce travail est vraiment très pénible pour un débutant.

Nous avons, au cours de cet après-midi, transporté d'un bateau au magasin quatre lourdes caisses, entassé dans un wagon tout un stock de sucre, charrié au magasin des pains de sucre, chargé de rouleaux de chanvre bitumé un camion, déchargé un camion de balles de coton et deux camions de rouleaux de papier.

Mon inexpérience éclate à chaque instant. Ce genre de travail exige, non seulement de la force, mais un tour de main qui ne s'attrape pas en un jour. Les hommes avec qui je me trouve déploient une adresse qui atteste une longue habitude : ils mettent à leur besogne la précision et la sûreté de gestes des gens chez qui un certain mode d'activité est devenu instinctif. Moi, je lance mal mes paquets de sucre, j'en laisse tomber deux à terre. Je place si maladroitement sur mon épaule les rouleaux de papier que je les laisse choir à deux reprises. Je charge mal ma brouette ;

une fois, pour franchir les rails du quai, je ne pousse pas la roue à angle droit et tout chavire.

Mais tous mes compagnons s'emploient bienveillamment à mon dressage, malgré que je les retarde et que je les gêne. Seul, le manœuvre, à qui je lançais maladroitement les paquets de sucre, se met d'abord à tempêter. Alors les autres le calment : « Allons ! fais pas le méchant ! nous aussi, on a commencé comme ça ! » Et il s'apaise et tout aussitôt me donne des conseils : par exemple, comment saisir le paquet de sucre, que sa forme et ses dimensions font ressembler à une brique, et comment le lancer droit en le laissant glisser entre les mains. Le contremaître lui-même, venant à passer, tient à me montrer comment je dois m'y prendre, et il me supplée pendant quelques minutes de façon à me laisser reposer un peu. A mesure que le tas à extraire du chaland s'épuise, l'homme qui me lance les briquettes de sucre se rapproche progressivement de la paroi du bateau qui touche au quai ; mon rôle d'intermédiaire devenant peu utile, l'homme se met à les lancer directement à celui à qui je les relançais, en me disant : «Tenez ! reposez-vous ! Je les lui passerai moi-même ! » Il lui faut faire un plus grand effort musculaire, mais sa complaisance me vaut dix nouvelles minutes de repos. Après quoi, ils m'assignent dans la chaîne la place la moins fatigante, sur le seuil du wagon : au lieu d'avoir à jeter les paquets du bateau sur le quai ou du quai au wagon, c'est-à-dire en hauteur, il me suffit de les jeter à l'intérieur du vagon, à l'empileur qui se tient sur le même plan que moi.

Je suis ensuite chargé de brouetter des pains de sucre d'un second chaland au magasin. Mais cette besogne ne m'est pas moins pénible et je m'en tire à grand'peine : les petits heurts de la roue sur les inégalités du macadam déterminent des vibrations amplifiées des bras de la brouette, et leur violence est telle que, quelque effort que je fasse pour serrer les mains, je sens qu'elles s'ouvrent et que la brouette va m'échapper. Je suis obligé de m'arrêter tous les dix ou vingt mètres pour la saisir à nouveau avec une énergie renouvelée, mais dont l'excès des secousses ne tarde pas à avoir raison.

Afin d'éviter d'être surpris dans cette manœuvre insolite, je passe derrière une
palissade : mais j'allonge ainsi mon chemin,
j'ajoute à ma fatigue et je perds du temps.
Puis, lorsque j'arrive au seuil du magasin,
plus élevé que le quai, il me faut prendre de
l'élan pour faire monter la brouette, chargée
de 80 à 100 kilos de sucre, sur une planche
étroite d'où je redoute chaque fois que
ma lassitude, jointe à mon inexpérience, ne
la précipite en la vidant de son contenu.
L'homme qui tire le sucre du bateau et
l'homme qui l'empile dans le magasin ne
tardent pas à s'apercevoir de mon retard et
de la peine avec laquelle je m'acquitte de ma
tâche. Alors, spontanément, l'homme du
magasin vient chercher ma brouette à mi-
chemin : pour m'aider, il ajoute à sa besogne
la moitié de la mienne.

Quand, un peu plus tard, d'autres manœuvres, employés avec moi à transporter
des rouleaux de papier, s'aperçoivent que je
les charge maladroitement sur mon épaule
et que je ploie sous ce fardeau, ils me disent :
« Mettez-vous là, ce sera moins dur. » Là,

c'est-à-dire sur le bord du chaland : je n'ai plus qu'à recevoir les paquets et les faire rouler jusqu'à l'homme qui les empile à deux mètres de moi à peine. C'est le meilleur poste. L'empileur me dit, pour m'encourager : « Vous vous y ferez. Il faut huit jours. J'ai été comme vous. J'ai commencé à dix-sept ans. Eh bien ! quand je suis parti au régiment, je portais des sacs de farine de deux cents kilos. »

Un peu de pluie vient à tomber : un des débardeurs quitte le paletot de cuir qu'il avait déjà endossé et me presse tellement d'en recouvrir mon mince tricot de coton que mon refus l'eût certainement blessé.

Au casse-croûte de quatre heures, je veux offrir du vin à mes compagnons. Ils n'acceptent pas, mais ne me permettent pas de refuser le vin qu'ils m'offrent.

Bref, tout l'après-midi, je suis, de leur part, l'objet d'une assistance bienveillante et délicate. Ils acceptent, en toute simplicité, de faire plus pour que je fasse moins. Dira-t-on qu'il y a là une manifestation de solidarité ? Évidemment, tous les membres de l'équipe sont solidaires par rapport à leur tâche commune : mais, précisément parce qu'un mauvais compagnon accroît la part de travail de tous les autres, une solidarité bien comprise devrait tendre à liguer tous les autres contre un aussi détestable collaborateur et à l'exclure. Dira-t-on que c'est un cas de solidarité *ouvrière* ? Mais la solidarité ouvrière, c'est l'extension, à toute la classe ouvrière, du caractère propre au groupe étroit constitué par une équipe d'ouvriers : nous devons donc généraliser la conclusion à laquelle conduit la détermination du caractère de l'équipe. La notion de solidarité est une notion qualitativement neutre, incolore, inerte, vide. Elle exprime l'existence d'un lien entre deux ou plusieurs éléments, mais elle ne définit pas la nature de ce lien : le carnassier et sa victime sont solidaires, comme le bienfaiteur et son obligé, comme le malfaiteur, sa victime et les hommes chargés de la répression. Dans le cas de mes compagnons de travail, il n'y a pas plus solidarité au sens de liaison entre exploiteur et exploités qu'au sens de coalition d'intérêts

communs, d'association d'activités de même
ordre et de même rythme ; ce qu'il y a. entre
eux et moi, c'est une solidarité *charitable*,
c'est-à-dire un renoncement à leurs intérêts.
un sacrifice momentané et volontaire de
tous à un seul, une répudiation partielle et
réfléchie de leur intérêt personnel et de leur
intérêt collectif en vue de sauvegarder l'intérêt d'un compagnon de hasard, qui est un
concurrent, et qu'ils s'efforcent de rendre apte
à les mieux concurrencer par la suite. Nous
ne nous trouvons pas davantage en présence
d'un acte de justice, puisqu'ils n'ont pas
agi selon ce que mon droit m'aurait permis
d'exiger d'eux, mais en présence d'un acte
supérieur à un acte de justice : un acte de
pure charité. Avec une extrême simplicité,
ces gens, imprégnés à leur insu par des
siècles de christianisme, ont obéi aux im-
pulsions lointaines d'une foi éteinte. Sans le
savoir, et pour une durée dont chaque jour
hâte le terme, ils restent encore capables d'agir
comme s'ils étaient pleinement chrétiens.

Mais la source inspiratrice de tels sentiments est déjà tarie. « Les curés ne sont pas

à plaindre ! grogne un des hommes. Ils ont toujours tout ce qu'il leur faut, partout où ils se trouvent ! » Un autre, s'adressant à un gamin qui nous regarde travailler : « Allons ! mon p'tit, jure un peu le nom du bon Dieu pour faire voir qu't'es un homme ! » Un autre blasphème : « La Sainte Vierge était une p...! » Il lui revient là, comme en un hoquet, un reste de la prédication de ces souilleurs d'âmes qui pourrissent la France : leurs agents secrets propagent dans les milieux ouvriers, sous cette formule brève et accessible à la grossièreté et à l'ignorance, toute la substance de la fable fabriquée par la Synagogue et mise en circulation dans les Ghettos et dans les Loges par la haine juive et la fureur protestante. Le *minus habens* libre penseur est inconscient de sa religion réelle.

Mes compagnons s'interpellent volontiers sur le ton plaisant : « Eh ! tête de gorille !... A toi, ventre d'asticot !... » Mais ils sont surtout égrillards et tiennent quantité de propos obscènes : « Je voudrais bien avoir de petits doigts, dit l'un, pour... » Un vieux aussitôt fredonne : « A cinquante ans, je b... encore toutes les f...! » Et bien d'autres réflexions plus ordurières encore. Le parfait « laïque » est le plus répugnant des singes.

A la fin de la journée, qui est un samedi, nous passons au bureau toucher nos salaires. Puis, chacun s'en va de son côté. On ne s'invite pas à boire un coup chez le marchand de vin : l'argent est trop précieux par ces temps de travail rare. Les innombrables cabarets devant lesquels je passe sont généralement vides. Les ouvriers se privent cependant plus volontiers de manger que de boire. Boire de l'eau, c'est un scandale qu'ils ne donnent pas. Ils se résignent, dans cette période de chômage, à ne boire que le vin acheté pour la consommation domestique. « Chez nous — me dit, chemin faisant, un des manœuvres — nous sommes trois. Eh bien ! une pièce de vin nous fait deux mois et demi : c'est dire que nous nous portons bien ! »

Mon travail de l'après-midi sous un lourd soleil m'a fait beaucoup souffrir. Tous mes doigts étaient écorchés ; malgré que la chair fût à vif, il m'a fallu brouetter, passer les paquets, pousser des ballots de «cotonne» en les saisissant par les oreilles de grosse toile d'emballage, manier les rouleaux de chanvre bitumé, porter de lourdes planches, pousser à la roue des charrettes, me couvrir de poussière, de terre ou de cambouis. Je ruisselais de sueur, j'étais dévoré par la soif, j'avais les épaules et les bras meurtris comme si l'on m'avait roué de coups, j'éprouvais par tout le corps la sensation d'être brisé. J'ai pu difficilement peiner jusqu'au repos de quatre heures. J'étais tenté de lâcher pied, de me faire régler, de partir. Tout cela, n'importe quel ouvrier non accoutumé à des travaux de force l'éprouvera le jour où, pressé par la rigueur du chômage, il aura la bonne fortune de découvrir, sur les quais, du travail.

Ma fatigue était telle que, la nuit qui a suivi, je n'ai pu que sommeiller pendant trois heures, me remuant sans trouver une position qui me délassât et chavirant dans un bref sommeil tout peuplé de cauchemars : je laissais tomber dans l'eau mes ballots de papier..., un train de marchandises télescopait ma brouette de sucre..., mon casier de bouteilles vides m'échappait des mains et fendait le crâne de l'homme occupé à en remplir un autre au fond du chaland..., une balle de cotonne de 150 kilos roulait sur moi et m'écrasait... Quelle nuit ! Et le matin du dimanche, et tout le long du dimanche, je ne puis qu'à grand'peine me baisser, me lever ou m'asseoir, ou serrer le moindre objet entre mes doigts ; je m'y reprends à plusieurs fois pour enfoncer mes pieds dans mes chaussures, j'ai tout le corps meurtri, les membres rompus, la tête vide, je n'ai pas faim, j'ai soif encore...

Il n'est ruse que les patrons de débits-restaurants n'emploient pour faire boire les clients. Vous entrez et vous demandez un canon : on vous apporte une chopine. Vous demandez une chopine : on vous apporte un litre, et l'on vous dit : « Vous prendrez ce que vous voudrez, on ne comptera que ce que vous aurez pris. » Le marchand sait fort bien que l'ouvrier ne résiste pas à la tentation de vider la bouteille qui est là, à portée de sa main. Mon repas sans vin, avant-hier, m'a fait considérer par le patron, homme charitable, comme un miséreux réduit aux pires extrémités. Hier, à midi, dans un autre restaurant, la bonne, à qui je dis — « Pas de vin » — fait — « Alors je remporte votre verre » — et le retire aussitôt. « Mais non ! laissez-le ! et apportez-moi de l'eau » — « Ah ! » s'exclame-t-elle ; et elle en reste sur place, muette de surprise. Je vais dîner dans un autre petit restaurant, sur le quai, et je demande de l'eau comme boisson. L'imposante matrone me toise et me jette un — « alors vous êtes un homme distingué ! » — où elle fait passer toute l'ironie dédaigneuse dont peut être capable un marchand vexé du mépris dont on couvre sa marchandise. Je retourne aujourd'hui chez elle. Reconnaissant « l'homme distingué » qui boit de l'eau, elle me reçoit fort mal. Avant que j'aie rien demandé, elle me lance, d'un ton sec : « Il n'y a rien à manger ! rien ! Vous comprenez, on n'attend personne... Il faudrait prévenir ! » J'objecte qu'elle n'était pas prévenue, la veille : « Vous pouvez, comme hier, prendre un bifteck chez votre voisin le boucher. Allons ! un bifteck, deux œufs et une chopine ! » Une chopine ! Elle dresse l'oreille et, interrogeant : « Une chopine de vin ? — Naturellement ! » Aussitôt elle fait les préparatifs de mon repas.

Il n'est manœuvre à laquelle le marchand n'ait recours pour forcer l'ouvrier à boire vin ou alcool et lui soutirer le pauvre argent si durement gagné.

Ce n'est pourtant pas qu'il soit riche, l'ouvrier ! J'ai gagné, hier, 3 fr. 25. Dans la même journée, ma dépense s'est élevée à 3 fr. 20. En voici le détail :

6 h. du matin : un café............	0,10
8 h. 30 : une soupe...............	0,10
— une chopine............	0,30
— une chopine que j'apporte aux hommes de mon équipe.	0,30
Midi : un bifteck, deux œufs, pain et eau	0,75
4 h. : pain	0,05
— un verre de vin...........	0,10
7 h. : un bifteck, deux œufs, pain et eau	1
(dans un autre restaurant)	
— Dépense quotidienne de logement.....................	0,50
	3,20

La chopine offerte est une dépense acci-
dentelle, mais susceptible de se renouveler
assez souvent. Pour pouvoir vivre avec mon
salaire de 3 fr. 25, il me faudrait donc faire
des économies sur la nourriture. me résigner,
malgré la dépense de force physique que
mon travail exige, à une alimentation moins
substantielle, remplacer la viande et les œufs
par de la soupe et des haricots ou pommes
de terre.

Au cours de ce dimanche, je ne vois un peu
de monde dans les divers cabarets qu'entre
onze heures et midi et vers la fin de la
journée. Mais très nombreux sont les joueurs
de boules dans les petits cafés installés le
long du canal ou de la Loire. Aux approches
de l'heure du dîner, des voix bruyantes
s'échappent des débits : les consommateurs,
un peu surexcités, échangent avec violence
des propos ineptes ; accoudés sur les tables,
l'œil torve, ils achèvent de vider les derniers
litres... Près de moi, dans le petit restaurant
où je dîne, deux ouvriers d'une trentaine
d'années ont pris place. L'un d'eux lit dans
le Progrès qu'un décret du ministère espa-

gnol accorde à toutes les confessions religieuses la liberté du culte public. « Vois-tu,
dit-il à son compagnon, l'Espagne, c'est le
pays où a été instituée l'Inquisition. Tu connais ça, l'Inquisition ? — De quoi ? fait l'autre.
— Eh bien ! l'Inquisition, c'était du temps
où les curés étaient les maîtres... On mettait
les gens à la torture..., des atrocités enfin !...
Bref, les protestants vont avoir un temple à
Madrid. » Il ne se rend pas compte que les
protestants l'avaient déjà, ce temple, qu'ils
pouvaient librement y célébrer leur culte, et
que ce décret se bornait à leur permettre
d'accrocher un écriteau à la porte. Mais les
faits sont présentés par le journal de manière
à empêcher le lecteur de comprendre le présent et de juger raisonnablement le passé :
de là, les réflexions sur l'Inquisition « du
temps où les curés étaient les maîtres ». Ces
pauvres gens sont condamnés par leurs lec-
tures à une ignorance aussi complète de
l'histoire que des événements contemporains.

Le lundi matin, je retourne au travail. Dans
le débit où j'entre prendre un café, un tronc

est accroché qui porte cette indication :
« Pour la propagande de la Libre Pensée. »
Pendant que je suis là, plusieurs ouvriers
viennent boire un verre d'eau-de-vie.

Un jour de repos et un effort de volonté
ont vaincu ma fatigue. J'ai pris la précaution
de me graisser les mains : cependant, dès le
début du travail, une des petites blessures
recommence à saigner. Le travail presse.
Nous faisons intégralement nos quatre heures
et demie, ce matin. Il y a d'abord quelques
wagons à pousser : excellent exercice d'as-
souplissement. Puis, à cinq, nous chargeons
deux wagons de sucre en paquets et en
pains. La tâche m'est déjà plus aisée. Il faudrait, comme mes camarades le disent, une
semaine pour y accoutumer mon corps et
pour acquérir la dextérité nécessaire. Par
bonheur, je n'aurai pas besoin de faire appel
à mon courage pour poursuivre ce dur
apprentissage : on a réussi à m'assurer le
passage, jusqu'à Paris, sur un bateau qui
part demain ! « Décidément, dis-je à mes
copains, c'est un trop rude métier. J'aime
mieux retourner à l'atelier et, puisqu'ici il n'y

a pas de travail plus facile, je m'en vais en chercher à Paris. Un patron marinier consent à m'y emmener : je profite de l'occasion. Dans vingt jours je serai rendu : d'ici là, des amis peuvent me trouver une place. » Ma décision ne provoque aucun commentaire. J'entends quelques « ah ! » ou « allons ! » prononcés à mi-voix et où je crois surprendre comme une nuance de regret : ils avaient commencé à sympathiser avec leur nouveau compagnon, ils l'avaient aidé de leur mieux, à coup sûr ils auraient été contents de le voir profiter de leur assistance et de leurs leçons. Dans les périodes de grande activité, lorsque les quais réclament beaucoup de bras, les équipes de débardeurs comptent des gens de toute espèce dont beaucoup peuvent n'être pas recommandables ; mais, à cette époque de travail ralenti et précaire, le personnel est réduit à un noyau d'habitués et de chômeurs de la ville qui sont tous de très braves gens. Ainsi, ils me désignent un des leurs, un homme de soixante-cinq ans, retraité du chemin de fer, qui pourrait rester chez lui à vivoter tranquillement ; mais il se sent encore assez de vigueur pour travailler, il aime le travail et il veut aider les siens. Ils me paraissent tous cacher, sous une écorce rude, une âme bonne et compatissante ; mais la vie leur a été dure et, vite, toute la douceur de leurs manières s'en est allée. Si les adolescents, dans la classe ouvrière, gardent souvent encore aux yeux la flamme de l'intelligence et le reflet du rêve, du moins vieillissent-ils très vite : deux manœuvres, de vingt-cinq ans environ, ont déjà l'air las et le regard morne de ceux de leurs compagnons qui ont atteint la quarantaine. Ceux-ci, comme les vieux, ont le visage creusé, la parole rude, le geste brusque, la colère prompte : on dirait qu'ils ont conscience d'être réduits à une masse d'os et de muscles faits pour tourner une meule tant que leur chair vivra.

Leur ignorance est insondable et puérile ; elle s'exprime sous des formes dont on serait tenté de rire si elles ne révélaient une attristante infériorité. Une forte pluie leur a fourni l'occasion de l'étaler devant moi. J'ai déjà eu l'occasion de le remarquer, nous sommes commandés avec bienveillance :

lorsque l'ouvrage ne presse pas, on ne nous demande pas de fournir le compte exact d'heures pour lesquelles nous sommes payés ; cela s'est produit avant-hier ; il en va de même s'il pleut; quelque besogne qu'il y ait à faire ; ainsi, aujourd'hui, malgré que le travail ne manque pas, nous nous mettons à l'abri durant une forte pluie ; notre salaire sera le même, bien que ce mauvais temps nous vaille une heure de repos. Nous nous asseyons sous un hangar après avoir enfilé nos vestes pour ne pas prendre froid. « Moi, dit un homme, j'ai vu un chasseur planter son talon sur une tête de serpent, la couper et faire cuire la bête que nous avons mangée et qui est aussi bonne qu'une anguille ! » Le contremaître, survenant, entend ces derniers mots et s'exclame, fermant son parapluie : « T'as fait ça, fils de mulet ! T'es rudement dégoûtant si t'es pas dégoûté ! » Alors un manœuvre intervient : « Pourquoi ça ? Puisque c'était *une* serpent, c'était pas une vipère ! alors il pouvait bien la manger ! » Le contremaître éclate : « De quoi ? Une vipère, c'est donc pas un serpent ? — Non, fait l'autre avec fermeté. — Alors qu'est-ce que c'est qu'un serpent ? — C'est *une* serpent ! s'écrie le débardeur sur un ton péremptoire. J'appelle serpent *une* serpent et vipère une vipère ! — Ben ! tu y entends rien ! hurle le contremaître. Un serpent, c'est tout animal qui rampe et qui n'a pas de pattes…, qui fait comme ça… », et il fait ramper sur le sol le bout de son parapluie ; puis, embrassant toute l'as- sistance d'un regard circulaire, il dogmatise : «Tenez ! un lézard ? c'est pas un serpent parce qu'il a des pattes ! Un caïman, c'est pas un serpent non plus ! Ni cet affreux animal qui se trouve en Égypte et qu'on appelle… comment ça ?… un crocodile ! Eh bien ! un crocodile, ça a des pattes : c'est pas un serpent ! — Moi, j' vous dis, reprend l'autre avec obstination mais en baissant la voix comme s'il rendait hommage à un tel appareil d'érudition, j' vous dis qu'une vipère, c'est pas *une* serpent ! — J' te répète, crie le contremaître exaspéré. j' te répète qu'un serpent. c'est tout animal qui rampe et qui n'a pas de pattes ! qui fait comme ça… », et il recommence avec le bout de son parapluie sa merveilleuse démons-

tration sans d'ailleurs convaincre son contradicteur et sans qu'aucun songe à lui objecter :
alors, un ver de terre, c'est donc un serpent ?
Mais tous suivent très attentivement cette
savante discussion de taxilogie ; elle les intéresse vivement, leur esprit travaille et l'un
d'eux se décide à demander : « Alors, un veau
marin ? ce serait donc un serpent ? — Imbécile !
s'exclame un autre qui, n'ayant jamais lu
Le Constitutionnel, ignorait l'existence du
serpent de mer... bien sûr que non puisqu'il
est dans l'eau et pas sur terre ! » Et un voisin
ajoute gravement, sans se douter qu'il parle
comme un professeur de Faculté : « Et puis,
un veau marin a des nageoires, et des
nageoires, c'est des pattes ! » L'homologie
des nageoires et des pattes : un débardeur de
génie a fait cette découverte sur le quai du
bassin de Roanne, un certain après-midi qu'il
pleuvait !

CHAPITRE II

UN VOYAGE AVEC LES MARINIERS
DU CENTRE.

Mon passage parmi les débardeurs m'a
permis de constater l'absence de toute relation entre eux et les mariniers. Ils travaillent
côte à côte : ils n'ont aucun rapport personnel. Si le débardeur interpelle le marinier,
celui-ci s'applique à ne pas répondre. Le
marinier affecte de ne pas connaître le débardeur ; il s'emploie à mettre des distances
entre lui et l'homme qui peine sur les quais.

Une circonstance exceptionnelle m'a permis de vaincre les visibles répugnances d'un
patron marinier à m'admettre à son bord.
Il a quelques dettes et son créancier lui demande de lui faire le plaisir de me rendre

service, à moi, un ouvrier auquel il s'intéresse et qui regagne Paris. Comment refuser
d'être agréable à un créancier ? Et cependant,
la chose n'a pas été toute seule ! Il a fallu de
longs pourparlers entre l'homme du bateau
et celui qui le tient sous sa dépendance : chacun a déployé toute son habileté, le premier
pour se dérober et l'autre pour obtenir un
acquiescement. Enfin ! je suis averti que le
patron marinier ne dit pas non et qu'il me
reste à m'entendre personnellement avec lui.
« Vous savez ! me dit-il de suite, l'air gro-
gnon et sur un ton bourru. J'ai mon monde !
Je ne tiens pas à vous prendre ! » J'essaie de
le convaincre : « Il vous faut trois semaines
pour atteindre Paris et je n'espère pas de
travail à Paris avant trois semaines. Si je m'y
rends avec vous, je n'ai que ma nourriture à
payer ; j'économise le loyer d'une chambre et
le prix du chemin de fer. D'ailleurs je vous
donnerai un coup de main... » Je l'entends,
pour toute réponse, grommeler dans sa
barbe, et sa femme, qui se tenait en arrêt,
un peu en arrière, glapit : « Dame ! vous
savez ! l'usage, c'est de faire payer quarante

sous pour la nourriture ! et, au prix où sont les choses, aujourd'hui... — Bon ! bon ! répliqué-je, vous n'y perdrez pas : vous aurez mon travail et mon argent... Et je vous paie d'avance si vous le souhaitez. — C'est l'habitude ! — Alors, c'est convenu ? — C'est convenu, conclut faiblement et comme à regret le marinier. Venez demain matin, à la pointe du jour. Nous partirons à cinq heures. »

Et j'ai bien failli ne pas partir.

Le lendemain matin, à quatre heures et demie, j'arrive, portant ma petite valise de carton, de trente-cinq sous. A mon « bonjour ! » le vieux marinier riposte, de son air le plus maussade : « J'ai pas besoin de vous ! » Je me hâte de monter à bord. « Vous savez », continue-t-il, agressif, « que vous n'aurez rien pour vous coucher, rien que la paille, là, sous la bâche ! Au lieu que le chemin de fer... — Tenez ! tenez ! voici d'abord le prix de ma pension pour les premiers jours... » Et je lui tends une pièce de dix francs. Il la regarde... la saisit silencieusement et l'empoche : « Enfin, grogne-t-il, je ne comprends toujours pas pourquoi vous aimez mieux venir avec le bateau, pendant vingt jours... » Je lui renouvelle mes explications de la veille. Il hoche la tête, me tourne le dos et descend dans sa cabine. Mais je suis dans la place, et c'est tout ce qu'il me faut.

Il ne me demandera plus aucun éclaircissement. Il n'aura pas pour cela désarmé : au cours des deux premiers jours, il me fera interroger successivement par le pilote et par le charretier sur mon métier, mon salaire, où je travaillais, depuis combien de temps, où vivent mes parents, et quantité d'autres détails. Son extrême défiance, égale à celle du paysan multipliée par celle du marin, ne cessera de se manifester au cours de ce voyage, partagée du reste par ses compagnons. Et cependant, ces trois semaines de vie commune me mettront en possession de tous les éléments, non seulement de leur caractère individuel, mais du type même du marinier.

§ 1. — LES PREMIERS JOURS DE NAVIGATION.

Nous devions démarrer à cinq heures. Mais six heures, sept heures, huit heures se passent sans que nous puissions bouger : ni le pilote ni le charretier ne sont venus.

Le pilote arrive à neuf heures. Les deux hommes, sans dire mot, mettent aussitôt le bateau en mouvement. Ils rentrent les amarres, s'emparent chacun d'une énorme perche qu'ils plongent dans le bassin et dont ils appuient au défaut de l'épaule l'autre extrémité. Lentement, le bateau se détache du quai, glisse sur l'eau morte, insinue sa masse étroite, longue et profonde, entre les autres bateaux qui dorment, entassés côte à côte, et gagne l'issue. Dès qu'ils l'ont sorti de la gare d'eau, les deux hommes l'amarrent dans le canal contre l'écluse et s'en vont boire au plus prochain cabaret.

Ils ne m'ont pas invité à les suivre, et certainement ils vont échanger leurs premières impressions à mon sujet. La femme s'occupe dans la cabine aux soins qu'exigent les derniers menus préparatifs du voyage. Elle ne m'adresse pas la parole. Je suis un gêneur. Je m'efface le plus possible, pour moins importuner. Je me tiens à l'arrière, près du gouvernail, séparé de la cabine par une sorte de couloir d'accès où se dresse une petite table, pour les repas du personnel. Le centre du bateau est barré par la toiture basse de l'écurie. Entre la cabine et l'écurie comme entre celle-ci et la proue, s'étale une bâche disposée en double pente ainsi qu'un long toit surbaissé, orienté suivant l'axe du bateau. Là-dessous, une couche de paille recouvre uniformément le chargement de bouteilles d'eaux minérales. C'est là que nous coucherons, le pilote, le charretier et moi. Le bateau appartient à une Compagnie de transport Le patron du bord, responsable de la marchandise, est appelé « conducteur ». Berrichon comme sa femme, il porte comme elle une soixantaine d'années. Le pilote est un Morvandiau un peu plus âgé. Le charretier, un Charolais de vingt ans, survient enfin ! Au conducteur et au pilote qui l'interpellent, ses premiers mots sont pour dire qu'il n'a pas ses effets et qu'il lui faut aller les quérir. Il repart les chercher. Le pilote s'éloigne à son tour, le conducteur fait de même. Quand ils reparaissent, il est plus de dix heures. Mais ils retournent boire au débit de l'écluse. Enfin ils montent à bord, les ânes sont attelés et nous nous mettons en marche. Ce retard, m'assurent-ils, se produit à chaque départ pour un nouveau voyage.

Le pilote occupe son poste, au gouvernail, où le conducteur le remplacera de temps à autre. Le charretier pousse ses bêtes sur le chemin de halage. Je m'assieds sur la bâche, les pieds sur le plat bord. Le chaland glisse avec douceur et lentement sur l'eau dont il trouble le sommeil ; de larges rides régulières en froissent la surface, moirant l'image des peupliers et des joncs. A chaque écluse, les trois hommes me font signe et nous entrons rapidement dans l'immanquable débit voisin vider chacun un ou deux canons ; nous payons à tour de rôle.

Le premier jour, nous ne franchissons que trois écluses. La dernière franchie, les amarres sont fixées, la passerelle est jetée,

les ânes regagnent l'écurie et nous buvons
trois tournées au lieu d'une seule. Toute cette
journée, excités par leur réunion et la joie de
se mettre en route, les trois hommes n'ont
cessé un instant de bavarder : des bêtises
intraduisibles dont ils riaient sans fin, des
propos dépourvus d'intérêt, des phrases parfois dénuées de sens. Ah ! la belle humeur !
le contentement de vivre et de prendre le
large ! Après dîner, pendant que le conducteur
et sa femme s'enferment dans leur cabine,
nous allons tous trois nous étendre tout
habillés sur la paille, à l'abri de la bâche.
Dans la nuit, j'entends le pilote qui, rêvant
tout haut, demande encore qu'on lui verse
du vin...

Le lendemain, tantôt je m'assieds, oisif,
sur le bateau, tantôt je marche à côté du
charretier sur le chemin de halage. J'apprends
peu à peu divers détails : le conducteur et le
charretier reçoivent chacun cinq francs par
jour ; le pilote est payé au kilomètre pour un
voyage à accomplir dans un délai moyen ;
il a donc intérêt à ce que l'on fasse le plus

possible de kilomètres par jour ; son salaire quotidien s'élève en moyenne à quatre francs cinquante. Dans une certaine mesure, ils sont leurs propres maîtres ; ils travaillent sans arrêt environ douze heures chaque jour, mais sans hâte ; la cloche ou le sifflet ne règle pas impérativement l'heure où la tâche commence et finit ; ils partent à peu près au début du jour ; ils s'arrêtent à la tombée de la nuit. Ce régime est tout l'opposé du militarisme industriel, de la spécialisation outrancière et du travail par grandes collectivités. Chacun de ces trois hommes a le sentiment très net de son indépendance. Leur association, pas plus que leur subordination à la Compagnie, ne fait disparaître complètement l'autonomie du groupe ni de chacun de ses éléments. Ils y tiennent d'ailleurs si essentiellement que, nul n'étant investi d'une autorité sur les deux autres, j'entends déjà le pilote murmurer : « Le conducteur dit que l'on partira demain à cinq heures. Il faut encore que cela me plaise ! » Et le charretier : « Ils m'appellent pour amarrer. Ça ne me regarde pas. Je ne suis chargé que de mes ânes... Atteler de suite ? C'est bon ! c'est bon ! J'attellerai quand il me conviendra...» Il grommelle ainsi entre ses dents, mais il n'en agit pas moins comme on le lui demande. Chacun tient seulement à affirmer, pour le principe, sa pleine maîtrise. Comme ils s'entendent, tout va bien. Ça ne durera pas longtemps !...

Le charretier me conte qu'il a subi récemment une mise à pied de deux mois parce que, étant ivre, il avait refusé d'obéir à l'ordre d'embarquer. Il estime que l'on a eu raison : « J'ai fait une bêtise. Je l'ai payée. C'est juste. *J'ai mangé de la paille* pendant deux mois. Ça m'apprendra. »

Voilà six ans qu'il a quitté l'école : il ne sait plus écrire, mais il sait encore lire ; c'est la seule supériorité qu'il garde sur le pilote qui ne l'a jamais appris. Il m'assure qu'avoir des cheveux blancs, lorsqu'on est jeune, « c'est signe d'intelligence ». Apercevant la lune, au cours de l'après-midi, il se tourne vers elle, disant : « Bonjour, lune ! enlève-moi le mal de dents que j'ai depuis si long-temps[1] ! » Et, spontanément, il me com-

1. Talmeyr a rapporté un certain nombre de supersti-

mente cette invocation : « On dit comme ça, nous autres. Je le fais : c'est p't-être pour ça que je n'ai plus mal aux dents maintenant. » Cette foi naturaliste à laquelle il est redescendu est la seule manifestation de religiosité positive que j'aie pu surprendre chez lui.

Comme je me mets de moi-même à aider à la manœuvre au passage des écluses, le conducteur en montre quelque humeur ; mais le pilote, grisé de soleil et de grand air, troublé par des libations nombreuses, me bredouille des conseils pour me permettre d'intervenir utilement. En me répétant à satiété : « Moi, j' suis intelligent pour mon métier » il m'indique comment recevoir, fixer, retenir, relâcher les amarres, et comment aider l'éclusier, pour gagner du temps, à fermer et ouvrir les écluses. Puis il me souffle à l'oreille : « Allez donc au puits de l'éclusier tirer un seau d'eau pour la patronne. On fait ça pour lui être agréable… Faites comme je vous dis et ça ira tout seul…

tions propres aux marini.rs dans son étude, *la Croix sur les eaux* (*le Correspondant*, 25 novembre 1907, pp. 758, 762, 763, 764, 769, 770).

Moi, j' suis intelligent pour mon métier... »
C'est vrai : lui et ses compagnons, ils ont tous
cette intelligence-là ; ils savent ce qu'ils ont
à faire, et ils le savent très bien ; ils déploient
dans leur modeste tâche toutes les qualités
de bon sens et de jugement de leur race.
Mais, hors de là, nuit opaque. Hélas ! leurs
deux ânes aussi connaissent bien leur métier !

Je profite des dispositions bienveillantes
du pilote pour le suppléer pendant quelques
instants au gouvernail. Il me l'abandonne
dans les parties droites du canal. Je m'aper-
çois de suite qu'il faut savoir en mesurer très
à l'avance les effets, le bateau ne lui obéis-
sant que lentement, et s'abstenir des grands
coups de barre qui troublent sa marche
si douce, aux glissements imperceptibles.
Naturellement, la pratique seule permet d'acquérir le doigté nécessaire, et mes premiers
coups de barre, trop brusques, impriment au
chaland de légères inclinaisons. « Y a *de la
balance !* » crie de la cabine la femme, en sentant l'effet des poussées que ma direction
inhabile imprime à toute la masse en mouvement. Alors le pilote reprend son poste à la

béquille[1] : « Tenez ! voilà comment on fait... Moi, j' suis intelligent pour mon métier... » Sous sa main, le *gouverno* se place, toujours et sans retard, exactement où il doit être pour maintenir le bateau dans l'axe du canal : plus de « balance », plus d'à-coups sur le câble que tire l'attelage, plus de chemin inutilement parcouru entre les rives ; le bateau va droit, par le plus court, gagnant des kilomètres, à la longue, et aug-mentant ainsi la moyenne du gain du pilote; avec le moindre effort, l'habile pilote obtient le maximum d'effet. Et cependant ils trouvent que, pour un novice, je ne le suis pas assez. Ils ne s'expliquent pas que je puisse savoir — sans qu'ils me l'aient formellement appris et rien qu'à les voir faire — qu'il faut mettre la « béquille » du côté opposé à celui où l'on veut diriger l'avant du bateau ; ils s'ima-ginent que j'ai dû déjà monter sur des bateaux — chalands ou péniches — et en con-duire ; et ils me le disent. Je m'efforce de les en dissuader et ne sais si j'y parviens. On dirait que leur hypothèse s'associe obscuré-

---

1. Ils appellent ainsi la barre du gouvernail.

ment à d'autres soupçons dont la nature, pour le moment, m'échappe. « Faites bien attention, me recommande le pilote, lorsque vous poussez la béquille en dehors ! vous pourriez tomber à l'eau ! » En effet ! la barre, poussée à fond, déborde beaucoup les flancs du bateau et le plancher convexe se dérobe fort insidieusement sous le pied.

Mes compagnons ressemblent étroitement au paysan — qu'ils dédaignent — par le langage, la prudence, la défiance, les finasseries et l'esprit de ruse. Ils ignorent complètement l'argot des villes ; comme les gens des champs, ils disent *moué*, *toué*, de l'*iau*, un *siau*, un *batiau*, une *chieuvre* (chèvre), une *treue* (truie), un *échardon*, *ben*, *rin*, *j'irons*, *j'-z-a-vions*, *sept-z-hommes*, *cinq-z-enfants*.

Ils chaparderaient sans scrupule : ils parlent entre eux, à mots couverts, de camarades qui font le commerce d'allumettes de contrebande. L'un d'eux ajoute, entre ses dents : « Si je pouvais mettre la main sur un lapin ou une volaille pour notre déjeuner !... »

Seul, le conducteur lit quotidiennement un

journal, *le Petit Parisien*. Le charretier, en conduisant ses ânes, tire quelquefois de sa poche une feuille de chansons populaires dont il relit avec délices les plus malpropres. Tous les trois sont complètement ignorants de ce qui dépasse les limites singulièrement étroites de leur métier : ils restent étrangers, même le lecteur habituel du *Petit Parisien*, aux affaires générales du pays, à ses intérêts et aux agitations de la politique. Ils n'en sont pas moins réputés capables d'intervenir utilement dans la direction de l'État. Notre gouvernement « démocratique » repose sur cette fiction. Mais s'il est, en apparence et verbalement, le Gouvernement de tous, il se réduit, en réalité, au Gouvernement de quelques-uns.

Mes compagnons, qui n'ont aucune action personnelle et réfléchie sur les affaires de l'État, subissent les conséquences de l'activité de ceux qui dirigent l'État. Cette activité n'étant calculée, méthodique et continue qu'en matière spirituelle, c'est la conscience de mes compagnons qu'elle remanie, pétrit et informe. Au cours de ce voyage, le pilote, qui est le plus âgé, se montrera indifférent au conflit clérical, le conducteur anticlérical modéré et le jeune charretier violemment anticlérical. Je marchais sur le chemin de halage et le charretier me contait qu'il lui fallait faire des économies pour aider son frère, en ce moment sans place, et qu'ensuite il achèterait deux cochons pour sa mère à qui il avait déjà donné deux chevreaux, quand, entendant dans le matin très clair vibrer doucement au loin les cloches d'une église, il s'écrie : « Un cochon de pendu à la cloche ! un moine ! Tous les moines vont y passer l'un après l'autre ! » L'idée de « moines » lui traverse l'esprit parce que nous approchons de l'abbaye cistercienne de Sept-Fonds, et, l'idée de « moines » éveillant celle de « curé », il reprend : « Une fois, en voyage, j'vois, à minuit, passer sur la route, à bicyclette, un curé. Ah ! j'crie : qu'est-ce qui f... à c't'heure-là ici, c' vieux bouc !... » Nous atteignons une écluse près d'un petit village : « Dans ce patelin-là, continue-t-il, il n'y a pas plus de vingt-cinq habitants, mais il y a vingt-sept voleurs ; le curé compte pour trois ! » Nous nous hâtons au cabaret. La cloche de l'église se met à sonner : « Allons, bon ! s'écrie-t-il, encore un curé de pendu ! — Non, fait le pilote, qui est accouru boire, c'est son sacristain ! » D'autres mariniers sont attablés autour de quelques litres ; l'un d'eux, tout jeune, raconte en riant à ses camarades : « ... Quand on lui demandait : le Père est-il Dieu ? Il répondait : oui. Et quand on lui demandait : le Fils est-il Dieu ? il répondait : Quand le Père sera mort !... » Ce sont les jeunes qui parodient le catéchisme ou injurient les curés. Ferdinand Buisson avait raison de dire, au cours d'une conférence qu'il donnait aux ouvriers de Lyon, lorsque j'y travaillais : « ...Ah! l'école laïque! Elle a fait petit à petit son chemin ! Elle porte ses fruits maintenant !... »

Le conducteur échange quelques propos amicaux avec le cabaretier, avec l'éclusier. Tous se connaissent, comme souvent aussi mes compagnons de voyage connaissent et interpellent, au croisement d'un bateau, ceux qui le montent.

L'écluse franchie et le rite des libations

accompli, nous amarrons le bateau et nous nous asseyons à table. La femme ne mange pas avec nous, mais après nous, et elle nous sert. Nous y tenons à peine, dans ce très petit espace laissé libre entre la *levée* [1] et la cabine. Un charbon roule du foyer sur le plancher. La patronne le ramasse : « Ce feu-là, ça peut s'éteindre, mais le feu qui est mis par la foudre, ça ne peut pas être éteint. » Son mari est habituellement taciturne. Mais à peine deux verres de vin sont-ils ajoutés à ceux du cabaret que sa langue se délie : « Dans la famille Deibler » (dont il venait sans doute de voir le nom sur son journal) « on est bourreau de père en fils, et, s'il n'y a pas de fils, c'est le gendre qui succède. Le fils ou le gendre ne peut pas refuser cette charge. Il y est forcé. » Il dit cela d'un ton fermement approbateur, appliquant évidemment aux Deibler, dont il venait de lire que le père, le fils et le gendre étaient bourreaux, ses propres idées sur l'hérédité professionnelle. Ce qui s'agite obscurément dans sa pensée, c'est qu'une tâche quelconque, et à plus forte raison

[1]. Nom du pont de poupe.

une tâche particulièrement grave ou importante, intéresse toute la nation et revêt le caractère de fonction sociale : qu'une fonction sociale ne peut pas être mieux accomplie que par une famille ou des familles consacrées à ce travail et spécialisées dans son exécution ; et qu'enfin l'idée de fonction sociale entraîne un devoir correspondant qui saisit chaque génération nouvelle et s'impose à elle comme une obligation à laquelle elle ne peut se soustraire. Il exprime là son propre sentiment professionnel et raconte à la fois son histoire personnelle et l'histoire de ses compagnons. Eux, ils l'écoutent en l'approuvant de la tête : le vieux pilote ajoute ainsi son autorité à celle du vieux conducteur ; le jeune charretier unit son affirmation à la leur, tout en laissant lire dans son regard qu'il a d'abord reçu une leçon de ses anciens, et avec la docilité due aux vérités que l'on a toujours professées, mais auxquelles on renouvelle sa foi.

L'affirmation de l'hérédité de la charge de bourreau suscite l'expression des opinions individuelles sur le caractère particulier de cette charge et son utilité : « Après tout, c'est un métier comme un autre, déclare le charretier. — Et puis, appuie le conducteur, puisqu'il faut que quelqu'un fasse ça ! — Moi, affirme le pilote, j'trouve que celui qu'a tué, faut qu'y soit tué ! »

La pente naturelle de la conversation les conduit à parler de crimes. Ils se rappellent mutuellement quelques faits-divers qui les ont particulièrement frappés : « Vous savez bien, dit le charretier, ce garçon de ferme qui a tué la fille de son maître, a caché le corps dans le grenier et s'en est servi pendant huit jours ?... — Oui, répond le conducteur, et y en a ben des pères qui ne tuent pas leur fille et qui s'en servent ! — C'est de la saloperie ! conclut le pilote, mais ça ne manque pas... » Et ils citent quelques faits de ce genre qu'ils connaissent.

Notre menu est quelque peu monotone et dénote chez la patronne la ferme volonté de nous assujettir à la sobriété la plus stricte. Le matin, à cinq heures, avant de partir, nous buvons du café. A huit heures, nous mangeons une soupe, un morceau de pain et du fromage et nous buvons un verre de vin.

A midi, le menu se compose de soupe, un très petit morceau de viande bouillie, salade, fromage, vin, café. A quatre heures, nous prenons un morceau de pain, du fromage et un verre de vin. A sept heures, la soupe, un œuf dur, du pain et du vin. Le pilote, le charretier et moi, nous payons deux francs par jour : il reste à la patronne un beau bénéfice. Mais son âpreté au gain ne va pas tarder à produire ses effets inévitables.

...« On va p't-être voir les moines... avec leur capuchon... », murmure le conducteur pendant que le bateau coule sans bruit entre les murailles frémissantes des peupliers. Je m'en vais sur le chemin de halage et le charretier me dit : « Vous allez p't-être voir des moines ! » Sa voix a perdu l'expression de rage qui l'animait contre les curés ; elle semble même traduire une nuance de sympathie respectueuse. « Des moines ? Qu'est-ce que c'est ? demandé-je. — Ben ! c'est comme des curés, répond-il avec calme. Ils sont habillés quasiment en marron. — Qu'est-ce qu'ils font ? — Ils travaillent, me dit-il gravement, ils cultivent la terre. » Ainsi s'explique son nouvel état d'esprit : pour tous les gens du peuple, travailler, c'est travailler manuellement ; le travail intellectuel leur est si étranger que, pour eux, il ne constitue pas un travail ; et comme ils aiment et respectent le travail, il semble que le charretier, lui aussi, éprouve comme une affection secrète et un respect mal contenu pour ces travailleurs.

« Mais c'est une congrégation, m'écrié-je. Je croyais que le gouvernement les avait toutes chassées. — Ah ! pas celle-là ! réplique-t-il avec vivacité... Y peut pas, vous comprenez ! Ces gens-là, y n'font pas de mal ! Même y font vivre tout le pays, y donnent à tout le monde dans la contrée !... — Mais les Chartreux faisaient vivre plus que tout un département et le gouvernement les a bien chassés. — Les Chartreux ? interroge-t-il. Qu'est-ce que c'est ? — Ceux qui fabriquent la chartreuse. — Où c'est qu'y étions, les Chartreux ? — Dans les montagnes de Grenoble. Et on les a chassés. — J'en savais ben rin. »

Après un moment, il reprend : « Les moines, ici, on les voit quelquefois dans les champs.

ils travaillent par équipes avec comme qui dirait un chef d'équipe. Tous les commandements se font par signes : ils ne causent jamais. Ils ne sortent jamais. C'est comme des prisonniers, quoi !... La nuit, ils sont enfermés chacun dans un box, comme les chevaux... J'ai visité le couvent... Des prisonniers, j'vous dis !... » Il appuie avec force sur ces mots. Et, après quelques instants où ses réflexions s'élaborent, il s'exclame : « C'est pas possible ! c'est des gas qu'ont fait des crimes qui se mettent là-dedans !... »

Ce qui se dégage automatiquement du travail intérieur de sa pensée, c'est donc la conclusion préparée dans des conciliabules secrets et répandue dans les conversations particulières, les conférences publiques et les journaux, par des émissaires disciplinés. La vie du monastère lui inspire une admiration contenue : vie de travail et, très évidemment, de travail désintéressé ; vie aussi de privations, et bien plus dures que les siennes propres et que celles de tous les hommes de peine qu'il connaît ; vie qu'il soupçonne tout entière soulevée par une idée très haute, mais une idée qui lui demeure étrangère, inaccessible, à lui, élève de l'école du calviniste Buisson, jeune homme tout pénétré par les influences spirituelles de l'État laïque. Aussi ne peut-il plus comprendre. Et il ne comprend pas : ces moines qui, ayant brisé tous les liens qui chargent les autres hommes, s'estiment libres autant qu'il est possible de l'être sur terre, il les considère comme des prisonniers et il accepte de croire que les criminels vivent dans le monastère et non hors de ses murs, libres dans le monde et maîtres dans l'État... Il accepte de le croire ? Non. Il se résigne à le croire, n'apercevant pas d'autre solution à l'énigme qui se pose à lui et l'irrite. Son exclamation se nuançait très visiblement d'une interrogation.

Il poursuit, se commentant pour se convaincre et questionnant en paraissant affirmer : « Vous pensez ! quelqu'un qui aurait fait un crime irait là-dedans, personne le trouverait !... ni vu ni connu... — Avec ça ! m'écrié-je. Vous imaginez-vous que l'on entre là comme dans un moulin ? Qui vous êtes et d'où vous venez, le supérieur s'en informe.

— Ah ! dame ! c'est juste... J'y avais pas pensé... » Il pense si peu ! et à si peu de choses ! L'opinion à laquelle il se rangeait ne venait pas de lui, ne le satisfaisait qu'à moitié, restait superficielle et éclatait sous la plus simple remarque. Contre les sottises intéressées et les basses calomnies, propagées par calcul et avec méthode, son bon sens, pour peu qu'il fût aidé, reprenait ses droits.

Nous apercevons bientôt la cheminée et les bâtiments de la brasserie annexée au monastère ; nous approchons des constructions basses et grises de l'abbaye ; le bateau glisse le long des prairies et des champs déserts. C'est l'heure du repas. Les hommes semblent gagnés par le grand silence où vient s'éteindre le murmure des feuilles tremblantes. Ils ne bavardent plus comme de coutume. Ils tournent à demi la tête vers les bâtiments solitaires; ils y attachent leurs regards. « Les moines ne sont pas dehors, on ne les verra pas», dit enfin, à mi-voix, le conducteur, et, s'arrêtant net de manger, il explore des yeux les alentours. « Par exemple, ajoute-t-il avec un petit rire muet, il vaut mieux ne pas passer ici la nuit ; on ne peut pas dormir ; ils ne s'arrêtent pas de sonner... — Ah! s'écrie la femme, c'est du monde qu'a bon cœur ! Ils donnent à tous ceux qu'ont besoin !... Tenez ! cette maison, là-bas, il l'ont fait construire pour l'éclusier d'à côté quand il a pris sa retraite !... — C'est parce qu'il se faisait enc... par les moines ! » s'exclame le pilote dans un gros rire. Et tous de jeter un regard envieux sur la petite maison. « La première fois que je suis entré là-dedans, reprend le pilote redevenu sérieux, j'avais quatorze ans. C'était pour acheter du tabac... car ils tenaient le bureau de tabac à ce moment-là... Eh ben! ils m'ont donné des fruits tant que j'en pouvais porter ! » Il dit cela d'un ton ferme et que l'on sent encore pénétré d'une reconnaissance que cinquante années n'ont pas prescrite.

« Oui ! appuie la femme, et il y avait un gros morceau de pain pour tous ceux qui achetaient du tabac et qui avaient besoin de pain... et du bon pain, fait par eux... Une année que les mariniers ont été pris par les glaces, il les ont nourris des mois, eux et leurs bêtes, pour rien !... Eh ben ! quand les mariniers sont partis, y en a qui y-eux-z-ont foutu des sottises, aux moines !... Mais, vous savez, y a des mondes, on les bourrerait ben par la tête et par le cul qu' ça serait le même prix !... Et puis le gouvernement leur a pris le bureau de tabac ! Et c'était du bon tabac qu'on trouvait chez eux ! meilleur que tous les autres !... » Elle parlait avec une indignation croissante : l'indignation la soulevait et elle haussait le ton.

A son tour, mais à voix presque basse et comme se parlant à lui-même, le conducteur nous dit : « Ils avaient aussi la fabrique de bière... qui est là... et un grand moulin... et une ferme... » Après un moment de réflexion, de la voix posée qui convient à l'explication de faits historiques, il reprend : « Mais, en 77, le gouvernement a voulu leur faire payer des impôts comme tout le monde. Il a chassé tous les couvents parce qu'ils ne voulaient pas obéir à la loi. Celui-ci a vendu la ferme, le moulin, la brasserie, abandonné le bureau de tabac, accepté les impôts et la patente, et alors, comme il s'était conformé à la loi, le gouvernement l'a laissé. »

Dans son esprit s'est fait un travail analogue à celui qui s'était fait dans l'esprit du charretier : ne pouvant comprendre que des gens qui travaillent et font le bien soient inquiétés, frappés et volés par le gouvernement chargé, par définition, de protéger les honnêtes gens et de punir le vol et les voleurs, il est logiquement conduit à accepter une explication quelconque de cette anomalie ; or il a trouvé, dans la lecture des journaux officieux, la fable d'une révolte contre les obligations de droit commun et pour le maintien de privilèges qu'aucune charge exceptionnelle ne justifierait.

L'explication qu'il a retenue est la plus récente. Mais tous les faits historiques, emmêlés et confus, subissent une contraction abréviative : la perspective des trente-cinq à quarante dernières années se raccourcit et s'aggrave de substitutions de dates et d'événements ; l'idée de refus de l'impôt se rapporte à l'opposition soulevée par le droit d'accroissement, impôt d'exception dû à la bienveillance de la République modérée ; la proscription des congrégations, en vertu de la loi de 1901, lui est inconnue, tout comme les décrets Ferry, plus anciens de vingt ans ; mais toutes ces mesures violentes et extraordinaires, il les rapporte à l'année « 77 » qui est celle de la première grande poussée d'anticléricalisme et dont les agitations ont laissé dans le vague de ses souvenirs une trace précise, un ferme point de repère. Sur tout cela flotte l'idée positive du devoir suprême d'obéissance aux lois, si répandue au temps de l'application de la loi de 1901 contre la liberté d'association : à ce moment-là, le gouvernement, par toutes les forces dont il dispose pour faire l'opinion, a crié et répété que la loi est au-dessus de tout, au-dessus du droit et de la conscience ; il la divinisait à l'heure même où elle devenait éminemment méprisable. La lecture quotidienne du *Petit Parisien* a vraiment transformé ce bonhomme en un citoyen « intégral et conscient ».

Après un nouveau silence, la femme hoche la tête : « Ah ! ils ont encore des terres !... Y a des fortunes là-dedans !... — J' vas vous dire, explique le conducteur. Ceux qui ont de la fortune, et qui entrent là-dedans, apportent leur fortune et elle y reste. Alors ils ne font rien : ils sont des chefs. Mais ceusses qui n'ont rien et qui entrent là-dedans, ils travaillent comme des martyrs! ils travaillent dur, ils font tout : c'est des martyrs!... Parce que, vous le comprenez, c'est là-dedans comme ailleurs!... [1] »

Ce fut la conclusion. Pendant des années et des années, ils ont passé et repassé devant ces champs et ces murailles, sentant qu'il s'y déroule une vie extraordinaire et supérieure, mais sans la comprendre ni éprouver la curiosité de s'en instruire : elle leur demeure mystérieuse et interdite. La femme conserve le souvenir des tendres charités, « du bon pain fait par les moines » et qu'ils donnent aux passants ; le vieux pilote, de ces fruits qu'il en reçut, « tant qu'il en pouvait porter », à l'époque si lointaine de ses quatorze ans ; ils

---

1. Chacun sait que le régime cistercien (comme, à des degrés divers, toute constitution monastique) est un communisme égalitaire. Les prêtres, comme les frères, sont astreints au travail manuel ; l'abbé, ainsi que le dernier des moines, couche au dortoir et doit généralement à des austérités plus rigoureuses la dignité dont il est revêtu.

s'étonnent tous que des gens si bons soient traités comme des malfaiteurs ; ils sentent vaguement que des événements, qui ont retenti jusqu'en ce lieu et semé la ruine, ne concordent pas avec leur idée de la justice ; mais ils ne peuvent discerner ni les faits, ni les causes ; tout cela se perd dans un inconnu obscur. Leur ignorance absolue des réalités politiques, leur indifférence pratique à l'égard du sort des moines, le besoin de leur esprit précis de trouver une explication positive quelconque aux faits qu'ils constatent, les amènent à accepter, provisoirement au moins, avec les motifs que le conducteur, lecteur de journaux, en a reçus et leur transmet, le commentaire qu'il imagine de la société monacale en projetant sur elle leur commune expérience de la société civile : il y a des riches et des pauvres, les premiers commandent et ne font rien ; les seconds obéissent et travaillent comme des martyrs. Ils acceptent cela qui est tout ce qu'ils connaissent de la vie ; mais leur inquiétude du mystère n'en est pas dissipée, et, pendant que le bateau s'éloigne, ils gardent longtemps le silence, détournant plus d'une fois la tête pour poser sur les murs gris du monastère un regard qui interroge encore...

§ 2. — MENACES DE CONFLIT.

L'influence de l'abbaye cistercienne s'est exercée sur les mariniers pendant tout un jour : à son approche, à son voisinage immédiat et durant que nous nous en éloignions. Une fois dissipée l'impression qui s'en dégageait, il ne reste que le brutal éveil du mécontentement qui couvait depuis le début du voyage et qu'a fixé la dernière réflexion du conducteur : les uns ne font rien et commandent, les autres travaillent dur et sont des martyrs. Le pilote et le charretier estiment que le conducteur les exploite. Quand il se trouve à l'écart, ils échangent rapidement, à voix basse, leur sentiment sur sa rapacité ; ils chuchotent que nous ne lui coûtons pas la moitié du prix de pension que nous payons. Ces petits apartés commencent le soir du quatrième jour de navigation et, le lendemain, se multiplient. Mathieu, le conducteur, qui n'ignore pas que nous ne pouvons être contents d'être nourris de soupe, pain et fromage, à raison de deux francs par jour, feint de ne prêter aucune attention à ces conciliabules : pure tactique de sa part ; il tend l'oreille et, à distance, nous surveille étroitement.

Après déjeuner, le pilote se plaint qu'on lui ait donné « des z'haricots en cette saison où ils poussent », parce qu'alors « ils vous poussent dans le ventre et ça vous f... des coliques. — Vous n'avez pas vu, ajoute le charretier, le père Mathieu et sa femme ? quand on a fini de manger et que l'on est parti travailler ou se coucher ? y s' font de la petite cuisine pour eux ! et de bons morceaux !... Puis, la mère Mathieu m'a pris pour ses poulets de l'avoine que j'ai achetée pour les ânes ! Et ses poulets, c'est pas nous qui les mangerons ! Elle les engraissera jusqu'à Paris !... Mais j'ai retiré mon avoine de l'écurie et je l'ai cachée sous la bâche... D'ailleurs, conclut-il, Mathieu, c'est un Berrichon ! »

Le pilote va prendre sa place au gouvernail et je continue de marcher sur le chemin à côté de l'attelage. Le charretier rumine ses réflexions et, de temps à autre, traduit son effervescence intérieure par une phrase qu'il me jette sur un ton de rage. Ah ! il ne prise guère les Berrichons, le charretier charolais ! Et il ne mâche pas ses mots ! « Vous voyez bien le conducteur ? c'est un Berrichon !... Eh bien ! tous les Berrichons, c'est de la soie pur coton ! de la vraie viande à chien ! l'choléra, quoi !... Ah ! j'aime pas ces gens-là !... » Je me garde de troubler le travail tumultueux de sa pensée. Après un long silence, il reprend : « Il ne tient pas compte de ce qu'on lui passe[1] !... Le pilote couche avec nous sur la paille pour lui faire plaisir !... Mais il a droit à un des deux lits de la cabine !... le lit d'en haut !... — C'est pas commode pour les patrons mariés, lui fais-je remarquer. Le nôtre est là avec sa femme. — J'en connais qui ont trois enfants ! Tous les cinq occupent ensemble le lit du bas ! le pilote a le lit du haut ! et le charretier aussi y a droit s'il n'y

1. Des concessions qui lui sont faites.

a pas d'écurie où coucher ! alors ils occupent tous deux le lit d'en haut !»

Quelle promiscuité ! On en imagine sans peine les conséquences. Quel remède ? On ne peut rien espérer de notre État s'il n'a besoin d'exploiter l'électeur, et l'on ne doit pas attendre d'un État digne de ce nom qu'il abandonne ses préoccupations naturelles pour se soucier d'assurer un lit aux mariniers. L'association professionnelle, sérieusement dirigée, pourrait aviser aux mesures nécessaires. Une Compagnie, qui ne verrait pas dans son personnel que des hommes à produire des bénéfices, s'estimerait tenue à de strictes obligations envers eux. Celle-ci ne semble pas chercher à s'y soustraire : mes compagnons me disent que les bateaux qu'elle construit comportent, à l'avant, une cabine avec couchettes affectée aux mariniers célibataires, la cabine de l'arrière restant exclusivement affectée au logement du conducteur et de sa famille. C'est une appréciable amélioration.

Loin du conducteur, le pilote et le charretier disent de lui pis que pendre. Le conducteur présent, ils lui font bon visage. Ils n'y ont pas intérêt, ne dépendant de lui en aucune manière ; mais ils obéissent à leurs habitudes de duplicité; ils ne réussissent d'ailleurs pas à tromper leur ennemi. Lorsque nous nous retrouvons à table à l'heure du repas, je ne pourrais soupçonner leur animosité contre le conducteur si je ne les avais entendus penser tout haut devant moi, quelques instants auparavant. Ils parlent avec lui comme s'il n'y avait aucun sujet de désaccord entre eux, et il leur répond de la même manière. Ils se montrent enjoués, aimables même les uns pour les autres. La conversation ne languit pas. C'est leur prochain qui en fait tous les frais. Il n'y est question que de mariniers qu'ils connaissent, mais ils en connaissent un assez grand nombre pour pouvoir en parler presque tout au long du voyage. Il s'agit d'un tel qui ne dessaoule pas des deux jours qu'il stationne au port d'arrivée, de tel autre qui s'oublie sans cesse au cabaret où sa femme a coutume de venir le chercher en l'injuriant, de femmes qui s'enivrent, de femmes qui se

laissent « *jailler* »[1], de femmes infidèles, de
quelques-unes qui changent sans cesse
d'amants, de couples que l'on croyait à tort
mariés. Ils parlent, comme d'une chose naturelle ou amusante, de toutes ces misères :
dans ces commérages sans fin, qui n'épar-
gnent aucune réputation, n'apparaît pas la
moindre idée d'une moralité supérieure dési-
rable ou possible. Leurs habitudes morales
sont l'œuvre de leur milieu abandonné à lui-
même et le fait des circonstances auxquelles
ne commande plus aucune discipline. Leurs
défauts ne sont pas ceux qui naissent des
grandes agglomérations ouvrières, mais
ceux de la nature humaine livrée à toutes
ses tendances régressives. Citant un camarade qui, logé dans une auberge de village sur les bords du canal, était parti en
volant le cadenas de sa chambre, ils ne le
blâment pas d'avoir volé, mais ils se plaignent
de lui parce que, depuis ce temps-là, l'aubergiste ne veut plus loger de mariniers. Leur
conversation avec les cabaretiers présente
le même caractère d'inlassable médisance.

1. Chatouiller.

Un d'eux leur parle d'une femme âgée : « Ah ! celle-là ! si vous l'aviez connue dans sa jeunesse ! Étant jeune fille, un jour qu'elle avait un peu trop bu, elle s'est disputée avec sa mère et elle lui a donné un coup de poing qui lui a mis un œil au beurre noir ! » Rien n'est oublié et tout est répété.

Il n'y a pas plus de dimanche pour le bateau en voyage que de jours ouvrables pour le bateau au bassin. Le repos est déterminé par les périodes d'attente du fret, le chargement et déchargement du bateau, comme la durée du travail est mesurée par la durée du voyage. Chaque nuit, à deux heures du matin, le charretier se réveille, va à l'écurie soigner ses bêtes et revient s'allonger sur la paille. A quatre heures, il attelle et le bateau reprend sa marche silencieuse jusque vers midi. A une heure et demie ou deux heures, nous nous remettons en route jusqu'à sept ou huit heures du soir. Nous couvrons ainsi une vingtaine de kilomètres par jour, à raison de deux kilomètres par heure en moyenne : beaucoup de temps se perd aux écluses, surtout si d'autres bateaux nous obligent à y attendre notre tour. Pendant plusieurs heures chaque jour, je m'assieds, oisif, sur la bâche, ne gardant bientôt plus que le sentiment confus et très doux de la fuite du rivage et des heures ; le paysage et le temps s'écoulent comme de monotones et glissantes images dans la torpeur d'un demi-sommeil ; quand je me laisse envahir par ce sentiment, il me semble que je vais m'enfoncer et disparaître dans une existence confuse qui ne serait plus qu'un songe indéfiniment répété. Le bateau coule avec lenteur, sans que son mouvement se sente, sur l'eau toujours remplie d'arbres imaginaires et bordée par l'ombre des roseaux. De chaque côté, les prairies se déroulent dans l'étendue des plaines ou au pied des collines. Mais que nous traversions les monts du Forez, les coteaux du Charolais, les plaines du Bourbonnais et du Nivernais, ou les monts du Morvan, mes compagnons ne se préoccupent que de savoir si le foin sera abondant et si son bon marché leur permettra de nourrir à bon compte leurs animaux.

Le métier s'acquiert assez vite, encore qu'il faille beaucoup d'expérience pour le pratiquer habilement. Il exige moins d'effort que d'adresse. Tenir la béquille dans les parties droites et désertes du canal n'est qu'un jeu. Le jeu se complique dans certaines courbes rapides et répétées, et bien plus encore si l'on y croise bateaux ou péniches. C'est alors que s'affirme la supériorité des vieux praticiens. D'un coup d'œil, ils mesurent les distances et prévoient les effets du gouvernail. La plus légère erreur occasionnerait un choc fâcheux : les canaux, très étroits, sont souvent réduits encore par les herbes et la vase que laisse accumuler leur mauvais entretien, et les dimensions des bateaux sont calculées pour occuper toute la place libre. Le pilote m'a d'abord abandonné la béquille dans les parties droites, puis dans les courbes à grand rayon ; ensuite il m'a permis de *passer*[1] les petits bateaux berrichons, et enfin quelques péniches : mais il se tient alors près de moi pour me suppléer au moindre risque

1. Croiser.

de heurt. Le charretier tient le gouvernail avec autant de précision que le pilote conduit avec habileté l'attelage. Ils sont nés et ont grandi dans le métier, l'ont appris sans s'en rendre compte, et le pratiquent avec une maîtrise instinctive. Leur adaptation à leur fonction est parfaite.

Nous rencontrons parfois une péniche du Nord, ou même de Belgique ou d'Allemagne. Mais ce sont habituellement des bateaux des provinces du Centre. « Les mariniers bourguignons, me dit le pilote, nous appellent les *centreux*. » Et les mariniers des canaux du Centre, dédaignés par les Bourguignons, insultent à leur tour les Berrichons, aux bateaux petits et alertes : sur leurs chalands de 38 mètres, ils regardent avec colère les lourdes et massives péniches du Nord et avec mépris les minuscules bateaux du Berry, « les choléra », comme ils disent. Chacun limite étroitement et jalousement son horizon : de métier à métier, de province à province, de type de bateau à type de bateau, les divisions et les rivalités se multiplient : étranger à toute idée et discipline supérieures à lui même, l'homme devient toujours réfractaire à l'union.

Tous les bateaux des provinces du Centre sont baptisés de noms pittoresques où se reconnaissent la bonne humeur et l'originalité traditionnelles de la race : — *Ça vous épate*, — *Le Vainqueur des jaloux*, — *Cours après*, — *Laissez dire*, — *Laissez faire*, — *Pas endormi*, — *Tiens, le voilà*, — *Le Privé de vin*, — *Vainqueur des bavards*, — *Le Miroir des amours*, — *Attrape qui peut*, — *Trop tard venu*, — *Dernier crédit*. Mes compagnons ne manquent pas de lire le nom de tous les bateaux qui passent, et ils s'amusent et rient des dénominations les plus drôles qu'ils ont déchiffrées. Le même esprit du terroir avait imaginé nos anciens noms de rues, ordinairement si pleins de saveur, et que la niaiserie rageuse des Jacobins s'est hâtée d'effacer.

Le pilote est un robuste vieillard, actif, énergique, prudent, madré, conciliant et diplomate. Il m'a donné l'unique exemple de probité que j'aie pu constater: dans un cabaret, il paya dix centimes pour un marc bu plusieurs mois auparavant, petite dette dont le cabaretier ne se souvenait plus. Il me signale les avantages du métier : pas de dépense de logement pendant la durée du voyage ; au service d'une Compagnie, pas de morte-saison ; en dehors des voyages, on reçoit un salaire ; le charretier gagne même ses cinq francs par jour toute l'année : « Et puis, voyez-vous, ce qui est plaisant dans notre métier, c'est qu'on est son maître. Il n'y a pas de cloche. Ça n'est plus comme à l'usine. » Il n'est peut-être pas de réflexion que j'aie plus souvent entendue, quel que fût le pays ou le milieu. Le lien qui attache les mariniers à la Compagnie est assez souple pour qu'ils ne se sentent pas aliénés : ils conservent leur individualité et la direction de leur activité. Aussi n'ai-je jamais surpris chez eux la moindre trace de cet esprit aigri qui est le moins que l'on puisse saisir chez les salariés de la grande industrie.

Ce pilote a des trouvailles de langage pittoresque qui font rire le charretier et même dérident le conducteur. Une femme de marinier réputée pour sa coquetterie, il l'appelle « belle de cuisses » ; l'employé de commerce bellâtre (« le calicot »), il le qualifie de « gigot fin » ; un pauvre diable qui n'a pas le moyen de mettre sur son pain un peu de beurre, c'est pour lui un « barbouillé de pain sec ». Et de même que le public transforme en « scies » certains mots ou formules qui lui plaisent, le pilote répète à satiété ces expressions dont le charretier ne se lasse pas de rire et qu'il redit sans cesse à son tour.

Il a conservé quelques habitudes chrétiennes de langage : « Cette maison-là ! ah ! oui ! que c'est vieux !... plus vieux que le temps de Notre Seigneur Jésus-Christ !... » Ou encore : « Moi, je ne mets pas d'eau dans mon vin, je le bois tel que le bon Dieu l'a fait. » Il n'a d'ailleurs aucune religion positive et n'a encore trahi l'existence de sentiments de piété que par ces deux expressions et une grande abondance de jurements : il jure comme un païen, comme un marinier, donc plus qu'une femme de marinier (car, elles aussi, elles jurent). Il lui reste seulement, à ce Morvandiau, l'usage d'antiques formules, legs d'une époque chrétienne déjà reculée, et dont le langage du jeune charretier n'a pas gardé trace.

Et il boit sec, le pilote ! Il boit comme un marinier et ça n'est pas peu dire ! Ayant besoin d'un chapeau, il se proposait d'en acheter un à Roanne, avant de partir. « Mais je rencontre un camarade et je lui dis : Je te joue mon chapeau en cinq points d'écarté ! Et j'ai perdu... Et puis, on a pris quelques tournées... Voyez-vous, c'est un métier où on ne peut pas ne pas boire ! On rencontre l'un, on rencontre l'autre, c'est un litre et puis un litre... La dernière fois que j'ai été chez moi, je me suis encore saoulé !... » L'excuse est aussi mauvaise que possible. Un métier où on ne peut pas ne pas boire ? Au contraire ! Ils ne boivent que parce qu'ils le veulent. Ce sont des bois-sans-soif. Ni l'excès de travail ou l'extrême dépense musculaire, ni le voisinage altérant d'une chaudière, ni douze mois de soleil brûlant n'expliquent leurs habitudes d'intempérance : elles sont volontaires. La rencontre d'un ami peut justifier l'offre d'un verre de vin, non d'un litre ; la rencontre

d'une écluse, qui les fait se précipiter au cabaret, n'excuse rien du tout.

Si le pilote ne met pas d'eau dans son vin,
Léon, le charretier, n'en met pas davantage.
Et tous les deux se plaignent que le conducteur mouille le vin qu'il leur donne à boire :
« Il nous fait de la *bouette !* » souffle le pilote,
navré. « Oui, répond le charretier avec un
accent de fureur mal contenue. S'il croit que
ça ne se sent pas !... Et puis, j'ai l'œil sur
lui : je l'ai vu, pendant que nous étions à
terre, descendre sous la cabine et préparer
sa *bouette !*... Ah ! mais ! attends, va !... »
gronde-t-il avec un geste de menace. Et il
reprend, plus excité encore par la colère :
« Et sa femme ?... Sa femme ! elle m'a bien
volé quinze sous d'avoine par jour !... » Ils se
séparent après ce bref colloque, pour ne pas
paraître avoir à se dire des choses qu'ils ne
veulent pas que le conducteur entende.

Mais, comme je continue de marcher à côté
du charretier : « Oui ! reprend-il, j'ai guetté
la femme du conducteur et je l'ai vue me
voler de l'avoine que j'avais pourtant cachée

sous la bâche !... » Son indignation ne vient
pas de ce qu'il ait le sentiment du mien et
du tien : il ne l'a pas plus que les autres mariniers ; mais, comme eux tous, il a le sentiment du mien extrêmement développé.
L'avoine est sa propriété : il reçoit une certaine somme de la Compagnie pour nourrir
convenablement les ânes ; mais s'il est habile
dans ses achats, si l'avoine et le foin sont
bon marché, les économies qu'il réalise sur
l'argent reçu lui appartiennent. En défendant
la nourriture des ânes, il défend son bien. Il
n'admet pas qu'on le vole. Mais il admet parfaitement son droit à voler autrui, et il ne
déploie pas moins d'habileté à être voleur
qu'à ne pas être volé : « S'il avait eu le
temps », me dit-il, il aurait pris du poisson,
à tel endroit, avec des engins prohibés ; il
regrette de ne pas rencontrer un poulet en
maraude près du chemin de halage, il « lui
tordrait le cou ». D'un geste rapide, je le vois
saisir sur la berge une botte de foin coupé et
mis à sécher. Mais un paysan, qu'il n'avait
pas aperçu derrière une haie et auquel le lar-
cin n'a pas échappé, lui crie : « Eh ! là-bas !

Eh !... » Léon laisse retomber le paquet de foin et file sans souffler mot : le coup est raté ; une autre fois il réussira. A une écluse, un marinier de ses amis vient à lui : « C'est de l'eau minérale que tu transportes ?... Donne-m'en une bouteille, que je me purge !... » Pour eux, l'eau ne peut servir qu'à se purger et l'eau minérale possède à cet égard des vertus particulières. Ils tirent une bouteille, la vident en partie, puis la brisent et la jettent soigneusement avec le goulot dans la caisse aux bouteilles brisées : elle passe au compte de celles qu'ont rompues, en cours de route, les chocs subis par le bateau.

A ces idées particulières sur la boisson et les remèdes se joignent des goûts culinaires très spéciaux. Léon me dit que, sur certains bateaux, les mariniers mangent très fréquemment des rats d'eau et des « z'hérissons... Tenez ! ça ! » et il me montre une couleuvre morte, « c'est aussi bon que de l'anguille ! »

Comme ses compagnons, comme bien des mariniers que nous rencontrons aux écluses, sur les quais des bassins ou le chemin de halage, Léon est brutal. La plus petite contrariété, la plus légère contradiction, un verre de vin de trop, suffit à déchaîner ses violences : c'est tout de suite la crise de fureur, l'injure et la menace de coups ; et l'on sent qu'elle n'est pas vaine, qu'il faudrait bien peu de chose pour qu'elle s'exécutât. Il a cependant bon cœur : il ne peut guère éprouver de sympathie pour l'inconnu et l'étranger à la batellerie que je suis ; et cependant, comme les pluies ont été fréquentes depuis notre départ de Roanne et qu'il s'est rendu compte qu'embarqué sans couverture je souffrais de l'humidité froide et pénétrante des nuits, il m'a spontanément prêté l'une de ses deux *couvertes* et, n'ayant gardé que son pantalon de rechange comme oreiller, il m'a remis à cette fin sa veste de rechange.

Le sentiment de la famille est très vivant chez ces bateliers. Les sacrifices d'argent que Léon s'impose pour sa mère et son frère ne sont pas une exception : le pilote envoie de l'argent à des neveux, le père Mathieu et sa femme économisent pour leurs enfants. Mais ce métier connaît aussi les pères indignes et les cruels abandons. Dans une rencontre fortuite, Léon et son père échangent le mépris, l'insulte et le reniement... La brise ride la surface assoupie de l'avenue d'eau et fait bruisser les peupliers. Un lourd bateau s'avance sur nous. Léon reconnaît son père au gouvernail. L'homme jette un « bonjour ! » au conducteur : il n'a pas un regard pour son fils. Comme le bateau s'éloigne, Léon crie, d'une voix où passe un accent de détresse : « Tu ne me reconnais donc pas ? — C'est pas à moi de te parler le premier ! » réplique durement l'homme, déjà loin. Léon est là, sur le chemin de halage, immobile, les pieds comme fixés au sol, les yeux attachés à la masse glissante qui fuit entre les arbres. Puis, tout d'un coup, secoué de rage, cinglant les roseaux de la lanière de son fouet : « Ah ! vieux bouc ! injurie-t-il, vieux singe !... C'est bien comme si je ne l'avais ni vu ni connu ! Il ne m'a pas donné une bouchée de pain !... » Le ton devient plaintif : « ... Il m'a abandonné à six mois, et la mère, et les autres enfants ! Quand il me rencontre, il fait celui qui ne me voit pas ! C'est-y un père, ça ?... » Derechef avec violence : « Faudrait pas qu'y revienne chez la mère ! il aurait tôt fait de se saouler la gueule avec le lopin de terre et la cabane !... » Maintenant il marche en martelant du pied le sol, le sang au visage, l'œil fou, il fait claquer son fouet, il poursuit d'une voix sourde et tumultueuse : « J'ai un frère qui a déjà six gosses ! Il gagne quatre francs par jour ! Il ferait mieux de se mettre une corde au cou et de tuer sa misère !... »

Léon est d'une ignorance sordide : il ne sait même pas s'orienter ! Je me serais imaginé que, vivant en plein air, il savait au moins cela ! Un matin, de bonne heure, il consulte le ciel et m'assure qu'il fera beau temps. Je lui objecte que le vent souffle toujours de l'ouest et pousse vers nous de gros nuages. Il réplique qu'il ignore où l'ouest se trouve. Il ajoute, après un moment, que cependant il l'a su à l'école. Il fronce le sourcil, fait un effort mental pour rassembler ses souvenirs et, étendant enfin le bras droit vers le soleil levant : « Le nord, le voilà ! » Je tente de le détromper : « Mais non ! c'est l'est ! » Je reprends l'explication qui lui a été donnée, j'essaie de la lui faire accepter : mais il ne semble pas avoir grande confiance en ce que je lui raconte... Et puis, ça lui est complètement indifférent...

Son anticléricalisme est très actif. Il ne manque pas une occasion de l'affirmer. Parlant d'un marinier paresseux : « Il est plus feignant qu'un curé ! » dit-il. Un dimanche matin : « Ah ! s'écrie-t-il, on va boire une *bleue,* aujourd'hui, puisque c'est dimanche ! on va aller à l'église ! » désignant ainsi le cabaret. Dans un bureau de tabac, j'achète *le Petit Journal.* Il s'exclame : « Vous achetez ça !... C'est un journal de curés !... Fallait prendre *le Petit Parisien !...* »

Une fois seulement, nous avons bu une absinthe ; trois ou quatre fois, de l'eau-de-vie de marc. Ils préfèrent le vin : le moins que nous en prenions chacun, dans une tournée, c'est un ou deux canons, mais quelquefois trois ou même cinq et six. Ils ont l'air cependant d'estimer qu'ils en usent avec modération. Certes, je ne les pousse pas à boire plus qu'il n'ont coutume, au contraire ! Dès le premier jour, je ne leur ai pas caché que ce n'était ni dans mes habitudes, ni dans

mes goûts. Une fois cependant, à l'écluse
d'un village, après avoir vidé quatre litres,
ils décident d'aller encore boire un litre à une
auberge voisine pour goûter à son vin. Le
curé, venant à passer près de Léon et de moi,
nous dit d'un ton d'indulgente bonhomie où
perçait discrètement le reproche : « Voilà,
je parie, des mariniers qui n'ont pas le sou
et qui vont boire ! » Le jeune charretier,
subitement respectueux, tire sa casquette et,
d'un ton papelard, avec un sourire niais :
« Monsieur le curé, mais oui ! on va boire un
petit coup, mais on n'a pas encore bu ! — Vous
êtes jeunes, fait le curé, vous supportez encore
bien cela. Mais plus tard !... Enfin !... Bonjour, mes amis ! — Bonjour, monsieur le
curé ! » répète Léon, soulevant à nouveau sa
casquette. Et il me dit : « Vous voyez ce curé-
là. C'est un type épatant ! Vous pouvez lui
demander ce dont vous avez besoin : il vous
le donnera... » Puis, subitement, changeant de
ton, un éclair de colère dans les yeux et scan-
dant ses mots : « Ah ! il a p't-être ben trop
bu, lui aussi, quand il était tout jeune, eh !
vieux bouc ! »

Mes compagnons avouent que le marchand de vin leur prend tout leur argent et s'enrichit de leur travail : « J'en connais un, me dit le père Mathieu, qui a débuté avec une boutique de rien. Puis il l'a vendue et s'est installé plus grandiose. Il l'a encore vendue plus tard et s'est installé encore plus grandiose. Ils sont tous comme ça. Ils mangent le travail de l'ouvrier. » A une écluse, les trois hommes me désignent l'auberge où nous allons boire un litre : « Vous voyez cette belle grande maison toute neuve ? c'est avec notre argent qu'elle a été construite ! » Mais ils ajoutent que « tout camarade rencontré offre à boire et que c'est une chose qui ne se refuse pas ». Boire résume le code de la civilité populaire, et les mariniers l'observent lorsqu'ils rencontrent l'écluse, comme s'ils rencontraient un ami.

« Enfin ! me dit un jour le charretier pendant qu'il poussait ses bêtes sur la levée en sifflotant, vous ne fumez pas, vous ne vous saoulez pas, vous n'êtes pas marié : quel donc plaisir que vous avez sur terre ? — Du plaisir sur terre ? croyez-vous qu'il y en ait beaucoup ? — Ah ! ça, c'est vrai !... Puis, après

tout, vous allez travailler à Paris: c'est pas
les petites poules qui y manquent ! Allons!
je vois tout de même que vous pouvez être
heureux ! Nous autres, dans les villes où nous
nous arrêtons quelques jours entre deux
voyages, nous avons les maisons... Moi,
c'est depuis l'âge de quinze ans ! de quatorze
même !... Quand on a touché l'argent de
son voyage, on se saoule, on passe quelquefois deux jours dans les maisons, sans en
sortir, buvant, mangeant et le reste ! on
dépense soixante, quatre-vingts francs... » La
noce ne l'empêche cependant pas de faire des
économies. Il me dit avoir « mille francs de
placés ». Mais il a eu seulement en vue le
temps du service militaire et non son futur
établissement. Il a bien « une connaissance »
avec laquelle il entretient commerce de projets
de mariage: « Mais ça m'embête ! Je vais l'en-
voyer promener ! Voyez-vous, moi, je ne sais
quoi raconter à une femme. Les boniments,
ça n'est pas mon fort. Je ne marche que pour
la bagatelle. Dernièrement, étant à terre pour
deux ou trois jours, je vais au bal, je danse
toute la soirée avec une jolie fille. A minuit,

je lui dis : Allons nous coucher ! Elle n'a pas voulu !... Elle a fait sa bégueule !... Je l'ai envoyée ch... ! Ben quoi ! Pour qui me prend-elle ?... Elle me fait marcher... danser tout un soir... et puis rien !... M...!... J'ai eu, une fois, une gonzesse pendant deux mois : alors comme elle était pleine, elle a pris une purge et ça lui a passé ! — Et si vous détournez une jeune fille sage ? — Qu'éc' ça fout ? — Si elle devient enceinte ? — Elle prend un remède ! »

Il me raconte complaisamment, un autre jour, que, durant tout un voyage, il fut l'amant de la femme du conducteur. « Vous pensez, dans la marine, c'est comme partout, il y a des femmes qui sont fidèles et d'autres qui ne le sont pas. » Mais l'adultère est une occasion qui ne se trouve pas toujours et le voyage est long entre deux villes... Il ne se cache pas d'avoir recours aux expédients. Quelquefois il fredonne : « Qu'y a-t-il de meilleur que le cœur d'un ami ?... » et se reprend en hâte : « que le c... d'un ami » ! Il aperçoit un gamin sur le talus : « Vas-tu te boutonner ! T'attends donc un client ?... »

Une autre fois, comme il s'apprêtait à sauter

du bateau en marche sur la digue pour courir
fixer les amarres, le conducteur lui dit :
« Attends un peu ! ne saute pas là, tu te cas-
serais les membres ! — Bah ! le moule à ma
mère n'est pas brisé ! — Oh ! objecte Mathieu,
à son âge elle ne pourrait plus être pleine ! —
Elle peut toujours... ! » proteste très sérieusement, mais avec vivacité, Léon, comme
froissé que l'on en pût douter. Ils parlent de
leurs père et mère, et les uns des autres, et
d'eux-mêmes, comme de leurs bêtes. Ne
cherchez plus l'homme : il ne reste plus que
l'animal humain. Ils sont complètement laï-
cisés... Léon saute à terre, fixe les amarres et
attache ses ânes. D'un rapide coup d'œil, il
s'assure qu'il n'y a pas de paysans aux alentours, ramasse rapidement du foin coupé qui
séchait sur le talus, le donne à ses bêtes et
en jette une forte botte dans le bateau.

Le conducteur n'est pas moins que les
autres rusé et sournois. Après la première
nuit passée à bord, je lui dis que j'ai bien
dormi, que je n'ai été réveillé que par le charretier quand il s'est levé pour soigner les

ânes : « Vous aussi, vous avez dû l'entendre?
— Entendre ! réplique-t-il, bougon. Si vous
croyez que,dans notre cabane,nous entendons
ce qui se passe sous la bâche ! » Une heure
plus tard, la femme rapporte que le pilote,à
demi-ivre du vin bu le jour du départ,avait rêvé
tout haut. « Vous l'avez donc entendu ? lui
demandé-je. — Tiens ! si vous croyez que
l'on n'entend pas tout ce qui se dit sous la
bâche ! une cloison de bois, c'est pas si
épais ! » Je constate même que l'on y a pratiqué
un regard grand comme le creux de la main.

Le père Mathieu n'est pas gêné par les scru-
pules. Il se vante d'avoir réussi à glisser un
jour une pièce de cent sous en plomb et, une
autre fois, une pièce de vingt francs en argent
doré. En cours de route, il achète du vin. Le
vendeur remplit le fût avec un broc. Comme
il achève de vider le second broc : « C'est le
premier », fait le conducteur, de son air le
plus innocent. « Non, le deuxième. — Ah !
bon ! ah ! je ne dis pas le contraire... » Il
n'a pas réussi à brouiller les comptes, mais
il a manœuvré pour obtenir ce résultat. Il
sert de la « bouette » à ses pensionnaires

et sa femme vole l'avoine du charretier.

Très défiant, toujours sur ses gardes, Mathieu cause peu. Très orgueilleux, quand il daigne nous parler, c'est avec une nuance de condescendance et en ayant l'air de nous faire la leçon. Comme il sait lire et qu'il lit chaque jour le journal, le pilote et le charretier semblent le considérer comme un homme supérieurement instruit: quand il leur enseigne la politique ou l'histoire, ils l'écoutent avec une attention et une docilité qui ne sont pas feintes. Pendant les dix premiers jours, il ne m'a guère adressé que quelques grognements: visiblement, la présence, sur le bateau, d'un étranger à la batellerie, n'est pas pour lui plaire, et il tient à me le faire sentir. Il ne se laisse aller que par exception à me parler sans malveillance. Comme il était à la béquille et que je me tenais près de lui sur la « levée », il me désigne dans la campagne de grands massifs d'arbres : « Voyez ce parc. Il y a là-dedans un château... puisque ces messieurs » (d'un air pincé) « ont l'habitude de vivre dans les bois. » Nous passons au pied de la colline de Sancerre. Il me montre les ruines d'une tour : « Il y a un souterrain qui part de là et va jusqu'à Bourges. Dans le temps, il y avait des seigneurs et ils communiquaient entre eux... Le souterrain est invisible, mais on sait qu'il existe. Il a douze lieues. On ne peut pas aller dedans parce qu'il est plein de décombres et qu'on n'en connaît pas l'entrée. »

Comme nous nous asseyons à table, il rejette son journal et émet cette réflexion : « Toute la garnison de Paris était sur pied pour recevoir les souverains bulgares. En voilà du flafla pour ces salauds !... Le Président de la République a été les recevoir !... » Le charretier exprime alors cette opinion que, pour devenir Président de la République, « il faut passer de député au grade de sénateur et qu'ensuite on peut être élu président ». Le père Mathieu rectifie cette assertion. Mais il ajoute que tout député, s'il reste libre de demeurer dans son pays ou sa circonscription, est tenu « d'avoir sa résidence à Paris, et là, on lui donne des domestiques ». Léon remarque que les chefs d'État sont bien gardés et que cependant on les tue. « Ceux qui font ça, opine le conducteur, ce sont les anarchistes.

— Qu'est-ce que c'est que ça? interroge le charretier. — Ce sont des gens qui ne sont pas. . du parti, quoi! du parti de la République ! » Léon demande alors quel a été le dernier roi de France. « C'est Louis-Philippe, répond Mathieu. Il a été détrôné par la révolution de 48. Il y a eu alors une République dont Badinguet a été le président. Mais il l'a supprimée en 1852 pour se faire empereur. » Léon ouvre les yeux et les oreilles et en oublie de manger : il écoute ces choses comme s'il les entendait pour la première fois. Le pilote ne cache pas l'intérêt qu'il y prend. Flatté de produire un tel effet. le conducteur entreprend d'énumérer les présidents de la République:

« Il y a eu Mac-Mahon... puis... » Mais ses souvenirs, comme il arrive aux personnes âgées pour les faits les plus récents, restent rebelles : il ne retrouve ni tous leurs noms, ni leur ordre de succession. Aussi se hâte-t-il de conclure : « Aujourd'hui, c'est M. Fallières .. Il y a eu aussi... Enfin. tous ceux-là, c'est du bon monde, des braves gens. — Mais oui ! s'écrie Léon. Et cependant Caserio a tué Carnot ! Ça ne se comprend pas ! On est tout de même plus tranquille avec un président qu'avec un roi ! Les présidents, s'exclame-t il, on devrait les *adorer*[1] !— Mais, fait tranquillement le conducteur, on les adore ! Seulement (et il hoche la tête), on ne plaît jamais à tout le monde... »

Adorer le chef de l'État ! L'État est dieu ! De l'encens pour César ! En deux générations, ces hommes ont rétrogradé de deux mille ans. L'œuvre de la Réforme protestante et de la Révolution jacobine porte enfin ses fruits : l'État est redevenu l'Église et tout un peuple de païens en est l'esclave.

« ...Décidément, me dit Léon sur le chemin de halage en faisant claquer furieuse-

----

[1]. Dans leur pensée, « adorer » ne peut encore avoir clairement le sens précis d'adoration *religieuse*. Il faudrait pour cela que leur sentiment religieux fût nettement défini. Or, ils n'ont aucune religion positive précise. Ils ignorent donc la valeur religieuse exacte du mot « adorer ». Mais certainement, ce mot — que je ne leur ai entendu prononcer qu'en cette circonstance avec un grand enthousiasme par Léon, avec une ferme assurance par Mathieu — signifie pour eux la plus haute puissance de respect et d'amour dont l'être humain soit capable et dont il puisse faire hommage. Les tendances de leur état moral sont prêtes à aboutir, sous l'influence éducatrice d'un pouvoir supérieur, à l'état religieux lui-même. L'un n'est séparé de l'autre que par une nuance assez légère.

ment son fouet, j'en ai assez de ce voleur de conducteur qui me vend sa soupe quarante sous par jour ! Le pilote et moi, nous avons envie de le régler !... Mais nous ne pouvons pas toucher d'argent avant deux jours : pouvez-vous nous prêter trente francs ? » J'ai l'air de réfléchir et finalement je dis : « Je ne suis pas riche et je suis obligé de compter, n'ayant pas de place assurée. Mais il me reste soixante-dix francs. Si vous le désirez, je vous en prête trente. — Eh bien ! non ! conclut-il aussitôt. Je vous remercie beaucoup de votre obligeance. Mais je ne veux pas vous gêner : je patienterai. » J'ai beau lui dire que cela ne me gêne pas et que j'ai confiance en lui. Il a décidément changé d'avis !

En réalité, il ne m'a adressé cette demande que pour arriver, par un détour, à satisfaire sa curiosité et celle des deux autres mariniers : savoir si je possède quelques avances ou si je ne suis qu'un de ces trimardeurs qu'ils méprisent et redoutent.

Ils ont le mépris du miséreux, l'instinct et le goût de la propriété. Il n'est occasion qu'ils ne saisissent d'exprimer leur dédain du pauvre, leur haine du fainéant, leur crainte du rôdeur. Le père Mathieu pense déjà à l'ennui et à la peur qu'il éprouve de rester amarré à Paris sur le bassin de la Bastille. Il se rappelle toutes les stations qu'il y a déjà faites, obligé, par peur, de tolérer sous les bâches les vagabonds qui, la nuit, viennent silencieusement s'y glisser. « En cas de refus, ils pourraient bien mettre le feu au bateau !... » Les mariniers craignent aussi d'être volés par ces hôtes de hasard, bien qu'ils reconnaissent qu'en fait ils ne le sont jamais. Leur tolérance équivaut même à une prime d'assurance : les gens sans aveu ont besoin d'eux ; ils exigent le refuge des bateaux par la menace de représailles ; et ils obtiennent, par le respect calculé de la propriété de leurs logeurs involontaires, que ceux-ci continuent tacitement de consentir.

A l'inverse, ils apprécient l'homme qui a des avances, des économies, qui possède plusieurs vêtements et beaucoup de linge, une maisonnette, un jardin, quelques animaux. Le charretier et le conducteur sont propres et soigneux : ils se lavent chaque matin, chan-

gent de linge chaque semaine et le lavent,
le savonnent. Léon manifeste à diverses
reprises la crainte qu'un compagnon de
voyage ne lui apporte de la vermine, « car il
y en a qui en ont » ! Je comprendrai un peu
plus tard la raison cachée de ces réflexions
sur la propreté et la vermine : très souvent
ils ne font une remarque que pour infliger
indirectement une leçon ou provoquer une
confidence ou des aveux. Une certaine diplo-
matie instinctive, développée par une pratique
constante, les porte toujours à prendre des
biais et à calculer toutes leurs paroles : il n'en
est guère qui ne recouvre quelque secret
dessein ou n'enveloppe une savante manœuvre ou ne recèle une critique ou un conseil.
Beaucoup de leurs questions ne sont que des
pièges destinés à mettre en échec les calculs
dont ils supposent être l'objet. ou à mesurer
votre sincérité, à doser le degré de confiance
qu'ils pourront vous accorder. Entre eux,
comme avec les étrangers, c'est leur méthode
constante dès qu'ils sont forcés d'abandonner
l'abri du silence. S'ils ont la prudence et la
ruse du paysan et du marin, ils en ont égale-

ment le regard vigilant, actif et aigu : ils surveillent tout et tous, se tiennent sans cesse sur le qui-vive et aux aguets pour toute chose et pour chacun. Rien ne leur échappe et il n'en est pas un seul qui ne reste sur ses gardes par rapport à tous les autres.

§ 3. — L'ÉTAT DE GUERRE.

La situation est devenue très tendue entre les trois hommes. Les repas sont parfois silencieux. Le onzième jour, à déjeuner, Léon s'écrie tout d'un coup, avec colère : « Je connais un bateau où l'on était nourri avec vingt-huit sous par jour ! un autre, avec vingt-quatre ! vingt sous même, des fois ! Et on avait de la viande à tous les repas !... » Froidement ironique, le conducteur, qui attendait depuis longtemps l'orage, réplique : « Moi, si je pouvais me nourrir comme ça, à ce prix-là, je ne voudrais pas payer deux francs par jour. » Et le silence retombe sur nous... Mais, le soir même et pour la première fois, la mère Mathieu nous sert de la viande.

Ce bon mouvement ne se renouvelle pas.

Alors, deux jours plus tard, le pilote et le charretier achètent des fraises, du sucre, du vin, préparent un grand saladier de fraises au vin, et, à la fin du déjeuner, m'invitent à en manger. Et nous les mangeons au nez du père Mathieu. Sa femme le venge aussitôt de l'outrage en criant qu'elle n'aime que les fraises sans vin et avec du pain ! Et pour nous le bien prouver, à nous qui l'avions vue cependant, les jours précédents, préparer en cachette pour elle et son mari des fraises au vin, elle collationne ostensiblement, le soir même, avec des fraises achetées à dessein et qu'elle écrase sur une tranche de pain !... Mais elle tue deux poulets et, le lendemain, elle nous les sert.

Cela calme un peu les deux hommes, sans les désarmer, le charretier surtout, qui nourrit contre elle un autre grief: depuis Roanne, la mère Mathieu lui vole son avoine ! Il l'a guettée et surprise sur le fait. Il a caché l'avoine et s'est aperçu qu'elle continuait ses larcins. Pour les constater, maintenant, il ne se contente plus de l'épier ; à la surface de l'avoine il place deux petits brins de paille en croix.

Et voilà qu'il ne les retrouve plus. Donc, on l'a encore volé ! Il en fait part, devant moi, au pilote. « C'est comme cela, dit celui-ci, qu'on avait arrangé les choses pour Lardy. On était sûr qu'il volait ses camarades. Alors on a placé, sous des papiers, une pièce de dix sous. Mais il s'est méfié : il a pensé qu'elle y avait été mise exprès et il ne l'a pas prise. »

Leur hostilité contre le conducteur les incline à me traiter avec plus de camaraderie. Le vieux pilote m'apprend à tenir la béquille à la traversée de certains ponts où les berges ne laissent d'espace libre que juste pour la largeur du bateau. Il me l'abandonne même pour entrer dans une écluse. « Tenez ! *mon* Jacques ! » fait-il en simulant des airs affectueux, « voilà comment il faut s'y prendre ! » Et il m'enseigne à engager le bateau dans l'étroit passage suivant une ligne légèrement oblique, puis à le redresser brusquement, d'un coup de « gouverno ». C'est ce qui s'appelle *embarber* l'écluse. Si le changement de direction ne s'effectue pas au moment précis qui convient et dans la mesure convenable, le bateau *tenaille*, c'est-à-dire heurte successivement les deux quais qui le saisissent comme dans une tenaille. Notre chargement de bouteilles souffrirait de pareils chocs, et aussi le bateau qui, dans un trop violent coup de « tenaille », peut même se rompre et couler. L'entrée de certaines écluses, se présentant de biais, ne se franchit pas aisément : il y faut la grande habileté d'un pilote plein d'expérience. La manœuvre se complique lorsque souffle un grand vent : il dérive le bateau que le pilote a peine à maintenir dans la ligne ; il exerce ses prises sur l'ample gouvernail qui obéit difficilement au pilote obligé de déployer toute sa force pour le mobiliser et même parfois de se faire aider par un autre homme.

Nous en avons souffert, depuis Roanne. La pluie succédait aux rafales, tombant pendant de longues heures ou seulement en une brusque et copieuse giboulée, un *garo*. Il n'y avait qu'à tendre le dos, patiemment. Très vite, les vêtements étaient transpercés et collaient à la peau : on les gardait. Il fallait que l'averse fût bien forte pour décider les mariniers à endosser des vestes et pantalons de toile imperméable. Ils me criaient : « Allez donc vous mettre à l'abri sous la bâche ! C'est pas la peine de mouiller ! » Mais je tenais à les aider pendant le mauvais temps comme par le beau soleil. Je ne profitais de l'abri que sur leurs instances répétées, quand j'étais déjà trempé ; alors, leurs soupçons ne pouvant plus s'éveiller, je cédais à leurs conseils, je me réfugiais sous la bâche, et là, dans un creux, protégé contre toute indiscrétion, l'oreille aux écoutes pour n'être pas surpris par l'un d'eux survenant à l'improviste, je prenais rapidement mes notes. Sans la complicité du mauvais temps — il ne se passait pas deux jours sans pluie — je n'aurais pu trouver un seul moment pour fixer sur le papier tout ce qu'ils me livraient d'eux-mêmes.

Je me suis imaginé sans peine ce qu'ils devaient souffrir pendant l'hiver : par les temps de gel, le maniement des cordes d'amarre et de la béquille est douloureux ; leurs mains, quoique singulièrement durcies, se couvrent alors parfois de crevasses. Les grands vents du nord, courant avec violence sur les plaines du Centre, leur cinglent le visage, traversent leurs épais vêtements. Par les chutes de neige et les brouillards, la navigation devient dangereuse : on ne voit les passages difficiles — courbes brusques, ponts, écluses — qu'au moment même où l'on s'y engage ; on n'aperçoit les bateaux qui viennent en sens inverse qu'à l'instant où ils surgissent près de vous, et les abordages s'évitent à grand'peine.

Dès le début du voyage, quand je m'offrais à leur donner un coup de main, l'un après l'autre ils me disaient : « C'est un mauvais métier, allez ! » Ils ne paraissaient pas se soucier de rien m'apprendre, comme s'ils eussent craint d'augmenter inutilement le nombre des bateliers. Maintenant, au contraire, et sans doute par esprit d'opposition au conducteur plus renfrogné que jamais, ils m'enseignent tout ce que je désire connaître. Alors c'est la mère Mathieu qui, chaque fois qu'elle m'entend demander une explication, met le nez hors de sa cabine et me crie, de sa voix aiguë : « N'allez pas trop vous fourrer le métier dans la tête ! Il ne vaut rien ! C'est un plaisir dans la belle saison ! mais l'hiver !... Vous n'avez pas idée de ce que c'est, l'hiver !... » Je n'en doute pas un instant, pas plus que je ne doute que ses avis s'inspirent d'un tout autre désir que de m'épargner les rigueurs de la batellerie pendant l'hiver.

En bon élève, quand j'ai entré le bateau dans une écluse, je n'oublie pas de relever bien vite le *safran* [1] et de pousser la béquille à fond, de façon que le gouvernail soit complètement rabattu. Puis, au sortir de l'écluse, variant les tâches, je vais près du charretier qui m'apprend à *débiller* et *biller* la corde de halage, c'est-à-dire à la détacher de l'attelage [2] et à la rattacher lorsque nous croisons un autre bateau. Le câble « débillé », on en garde en main l'extrémité, mais en le laissant couler au fond de l'eau sous la coque du bateau que l'on croise ; ensuite on le «bille », on le fixe à nouveau.

Toujours nous rencontrons de nombreux bateaux : — *Inutile de trotter*, — *Conseil d'amour*, — *le Trimardeur*, — *Sans le vou-*

1. Gouvernail de rallonge.
2. Ou du mât du bateau.

loir, — *Économie*, — *Rémunérateur*, — *Sans secousse*, — *Moqueur des jaloux*. Un jour, nous apercevons un petit « choléra de Berrichon » arrêté le long de la berge : la femme pleure, se lamente. Les deux ânes de l'attelage sont tombés dans le canal, au tournant, sous le pont, et se sont noyés : « Deux fois, hier, explique-t-elle, les ânes avaient failli tomber à l'eau. Ça ne pouvait pas manquer à la troisième fois : *l'eau les appelait !* [1] » C'est une perte très sensible pour ces braves gens. «Pensez ! nous crie le pilote, ils sont peut-être comme tant de pauvre monde qui ont acheté leur matériel à crédit ! et quand on a une traite à payer tous les trois mois !... » Léon m'explique que cette sorte d'accident n'est pas rare et qu'il faut beaucoup d'attention pour l'éviter : aux coudes, il arrive que le câble tire l'attelage, du côté du canal ; une secousse inattendue ou trop forte peut y précipiter les ânes ou chevaux qui marchent sur l'extrême bord ; empêtrés dans les harnais, ils ne peuvent être sauvés.

1. Idée superstitieuse.

Mais Léon chasse bien vite l'impression de tristesse produite par le spectacle de ce malheur, et, tout en marchant, il me demande, de son air le plus malicieux : « Quelle différence y a-t-il entre vous et la Loire ? » Il attend quelques secondes, et, comme je ne trouve pas la réplique, il s'écrie triomphalement : « Eh bien ! c'est que la Loire fait des contours, tandis que vous, vous faites des tours de c..! » Et il éclate de rire : « Hein ? vous êtes attrapé ?» Il me pose deux ou trois autres énigmes du même genre qui entretiennent sa gaieté. « Je vous ai bien attrapé, hein ?... Ça vous fait malice ?... Et vous, en connaissez-vous aussi, des *attrapes ?* » D'un air confus, j'avoue que je n'en connais pas. « Vrai?... Vrai ?... Quoi ! pas une seule ?... » Mon infériorité le scandalise. « Qu'est-ce que vous savez donc, alors ?... Vous, un ouvrier des villes !... C'est étonnant !... »

Le lendemain, je me tiens sur le bateau, près du pilote , et il me colle avec des « attrapes » qui sont juste les mêmes que celles du charretier. Il n'est pas moins surpris de mon ignorance. La connaissance de « l'esprit des autres » fait partie de leur éducation.

Le paysage continue de se dérouler sous nos yeux dans sa majestueuse monotonie. Une fois, une ville nous est apparue à l'opposé de la vallée, dressant ses clochers et ses tours au-dessus de l'étonnante verdure des prairies et des bois comme un lointain décor, l'image de choses à jamais étrangères, un inabordable inconnu. « Nevers », a murmuré Mathieu. Nous ne traversons guère que des villages ou des hameaux.

Le conducteur a pris pour un moment la place du pilote à la béquille. Apercevant sur le bord du canal un arbre frappé par la foudre, il rompt le silence maussade où il s'enfermait : « Si on avait été auprès, on aurait bien pu être *asphyxié.* » Puis, comme un grand parc s'étale sur les pentes d'un coteau, il me le montre : « Derrière cela, il y a un château. Mais on ne peut pas le voir, ni d'ici, ni de plus loin... *Ils* se cachent dans les bois comme les loups ! »

A chaque écluse, nous continuons d'aller trinquer comme s'il n'y avait pas le plus

léger dissentiment entre nous. Les troi
hommes enfoncent leur colère bien au dedans
d'eux-mêmes ; nul ne soupçonnerait leur
animosité mutuelle. Cette fois-ci, je m'attarde
au cabaret avec Léon qui m'a demandé de lui
écrire une lettre. Au cours de cette grave
opération, la porte s'ouvre et, sur le seuil, un
vieux chemineau demande du pain La
patronne répond sèchement qu'elle n'en a pas
à lui donner. J'emplis un verre de vin et le lui
tends. Il boit, remercie et s'en va. Léon me le
reproche avec vivacité. J'objecte que « c'est
un vieillard qui ne peut plus travailler. —
Possible ! mais il a mendié toute sa vie !
Quand ils sont jeunes, les chemineaux, ils
ne fichent rien. Ils continuent quand ils
deviennent vieux. Il en passe à la journée ! Si
les habitants des villages devaient donner à
tous ceux qu'ils voient, ils n'y suffiraient
pas ! » Sentiment très humain, puisque égoïste
et impitoyable : la misère présente ne doit pas
être secourue à cause des fautes passées, que
rien n'efface ; maintenant sans doute, ce vieil
homme est incapable de travailler ; mais on
suppose qu'il n'a pas travaillé lorsqu'il le

pouvait ; il sera donc traité comme si, actuellement encore, il pouvait travailler et ne le voulait pas. Cette dureté est également en rapport avec le mépris du marinier pour l'homme sans ressources, suspect de méditer de commettre à son préjudice quelque rapine. Quand, sur les rives du canal, mes compagnons voient passer ou se reposer des chemineaux, ils laissent toujours échapper un « encore des trimardeurs ! » qui n'exprime pas précisément la sympathie. C'est exactement le sentiment du paysan pour le nomade et de l'ouvrier pour le souteneur et l'apache. Dans l'imagination bourgeoise, excitée par les poètes comme Richepin, les chansonniers comme Bruand, les romanciers comme Cladel et Gorki, ou par les romans policiers, s'éveille une bienveillance littéraire pour le vagabond, le voyou et de mauvais garnements qu'elle ne distingue pas toujours avec netteté du travailleur. L'ouvrier hait et redoute, au contraire, ces sortes de gens Il en souffre plus que le bourgeois : dans les quartiers excentriques où il loge habituellement, il lui faut subir le voisinage de la pègre et courir le risque d'être attaqué et dévalisé lorsqu'il rentre tard de son travail, surtout les soirs de paye.

Une histoire d'échange de témoins, lue sur *le Petit Parisien*, amène le père Mathieu, pendant le dîner, à dogmatiser à propos du duel : il distingue entre « les duels dangereux et ceux qui ne le sont pas » ; les premiers ont lieu « à l'épée » et les autres « au fleuret ». Cette classification des duels évoque dans son souvenir le duel de Floquet et du général Boulanger « qui est mort en Espagne ». Doucement et humblement, j'ose rectifier : « Je croyais que c'était en Belgique ? — Non ! réplique-t-il avec autorité, je le sais, c'est en Espagne ! »

La conversation, à table, n'a plus l'animation des jours qui ont précédé la phase aiguë du conflit. Mais, tout de même, ils échangent divers propos et de telle manière qu'un étranger ne supposerait jamais à quel point ils se détestent. Ce sont de vrais hommes du monde. Successivement témoin des réflexions que l'un fait à l'autre sur le compte du troisième, je constate que c'est toujours contre ce dernier qu'ils se coalisent ; l'absent paie sans cesse les frais de l'accord apparent des deux alliés occasionnels ; chacun, étant avec l'un, dit comme lui contre l'autre et, étant avec ce dernier, partage ouvertement l'avis qu'il avait, l'instant d'avant et hors de sa présence, combattu. Ils réservent toujours leur opinion intime. Si, néanmoins, le désaccord éclate, ils en limitent rapidement l'expression ; mais ils s'abandonnent à la violence dès qu'ils se sont éloignés ; à distance, il n'est d'excès auquel ils ne se promettent de se laisser porter. Qu'ils reprennent contact : aussitôt ils tiennent les plus fades propos. Après quelques minutes, ils parlent comme s'il ne s'était rien passé entre eux : l'injure semble oubliée. Mais cela encore est une apparence : tout persiste ; le feu couve sous la cendre. Le plus curieux est qu'aucun n'est dupe de toutes les savantes manœuvres de dissimulation auxquelles ils croient nécessaire de recourir. Mais ils tirent vanité de ces pratiques astucieuses qu'ils prennent pour un signe d'intelligence supérieure.

Dans le même esprit de ruse, ils recourent constamment à l'avis, blâme ou menace par allusion. Pour les cas les plus simples, ils prennent des détours. Personne ne conseille au pilote de changer de linge : mais, en sa présence, et Mathieu et Léon recommencent fréquemment à manifester du dégoût pour les gens malpropres qu'envahit la vermine et qui menacent d'en infester leurs compagnons.

Seul avec moi, Léon m'explique : « *Il* est dégoûtant ! *Il* ne s'est pas lavé et n'a pas changé de chemise depuis Roanne !... Et puis... » Et puis il a de la vermine ! Et il nous en a passé ! ..

Léon et Mathieu en dissertent avec aigreur, réconciliés pour quelques instants dans une commune animosité contre le vieux pilote.

Cet accord dure peu. A propos d'une manœuvre, Mathieu interpelle Léon avec une vivacité dont celui-ci se trouve tout aussitôt blessé. Rouge de colère, il marche à grands pas sur la digue, cinglant ses ânes, les roseaux et le tronc des peupliers. Ivre de fureur, il se tourne brusquement vers le bateau, puis me regarde, menace du manche de son fouet un ennemi invisible, bégaie : « Ah ! si j'avais un fusil !... un fusil !... oui, je le tuerais !... Charogne, va ! ah ! le cochon !... Vous l'avez entendu me parler !... Oui ! si j'avais un fusil, je le tuerais, que je vous dis ! » Et il fouette ses ânes, il fouette l'espace et la terre même, faisant voler la poussière du chemin !... Rapidement il se calme et me dit, avec un reste d'indignation dans la voix : « Même contre vous, qu'il parle !... Tenez ! je peux bien vous le dire, maintenant... Il nous disait que vous étiez un espion de la Compagnie[1] ! ... Hein ?... Et je vois bien, maintenant que je vous connais, que c'est pas possible !... vous êtes un bon type !... Mais lui ! il a encore menti !... Ah ! charogne va ! » continue-t-il, à nouveau saisi de colère, « si j'avais un fusil, je vous dis que je le tuerais » ! Et la lanière du fouet claque, et fouette l'herbe et la terre...

Le dîner réunit les ennemis autour de la

---

1. Je ne me fais aucune idée de l'intérêt que pourrait avoir une Compagnie ou un affréteur à faire « espionner » ses mariniers.

même table, entre la « levée » de la « béquille » et la porte de la cabine. Les colères
se taisent... Le bateau n'a pas encore achevé
de transporter, avec la paisible lenteur d'un
char de rois fainéants, ce minuscule fragment
d'humanité où se déchaînent, comme sur
un théâtre plus vaste, les pires violences des
sentiments instinctifs.

... Dans un village, au cabaret de l'écluse,
l'aubergiste nous dit : « Vous venez de rencontrer un petit Berrichon remorqué par un
âne et conduit par deux hommes ?... Ils viennent de passer quatre jours ici à faire la
bombe... Ils avaient deux ânes. Ils en ont
vendu un et ont bu l'argent : ils n'ont pas
dessaoulé pendant quatre jours !... Leur bateau
s'emplissait d'eau : il aurait coulé si nous ne
l'avions vidé. Eux, ils voulaient y f... le feu ! »
Comme nous retournons à bord : « Moi,
dit le pilote, une fois, avec un ami, nous
avons bu, entre onze heures du matin et six
heures du soir, trente-deux litres de vin ! »
Nous nous mettons à table, et Léon — qui
n'est cependant pas un vantard — raconte

que, dans un port, entre deux voyages, il
avait pris cinquante absinthes en deux jours.
Cette prouesse ne surprend personne. La
mère Mathieu se borne à faire remarquer
que, « tout ça, ça finit par des batteries. —
Bien sûr ! réplique Léon en riant. Nous
étions trois copains ; on s'est battu comme
des chiffonniers ! J'étais pas saoul : j'étais
fou ! » Excellente définition ! Ce souvenir ne
lui inspire du reste ni le regret, ni la crainte,
mais la joie ; c'est un fait héroïque qu'il
raconte avec orgueil. Il ajoute que son frère,
s'étant un jour enivré avec son père, en reçut
un violent coup de coude sur le nez ; il
riposta par un si vigoureux coup de poing sur
la tête que le père s'étala sur le sol, presque
sans connaissance ; on dut le transporter
dans son lit ; rétabli le lendemain, il rendit
cet hommage à son fils : « Je ne t'aurais pas
cru aussi malin ! » Léon rapporte ce trait avec
admiration et ses compagnons paraissent
fort le goûter. Ils en tirent cette moralité que
le plaisir, pour les jeunes gens et jeunes
hommes, est de se flanquer des coups après
avoir bu plus que de raison.

Cette brutalité est certainement développée chez les charretiers par leurs habitudes professionnelles : il semble qu'il leur soit fréquemment nécessaire, pour se faire obéir par leurs bêtes, d'entrer en colère contre elles, de crier, jurer et frapper ; ces manières, si elles ne sont pas contractées au cours de la pratique de leur métier, sont sûrement par là même renforcées et exagérées; elles persistent dans les rapports entre hommes. Mais comme ils présentent tous, et non pas seulement les charretiers, ces défauts à des degrés divers, il faut remonter plus haut pour en trouver la véritable origine : l'absence de toute discipline éducatrice les livre à l'empire de cet instinct comme de tous les autres ; ils en descendent la pente. Ils ne connaissent d'autre frein à ces violences impulsives que la nécessité, où ils se trouvent réduits par des contraintes extérieures, de demeurer ensemble: puisqu'il leur faut, pendant un certain temps, s'accommoder les uns des autres s'ils veulent mener à son terme un travail qui est leur gagne-pain, ils se résolvent à faire effort pour calmer leur colère, aidés du reste

par d'autres éléments réducteurs, l'habitude
de la dissimulation, l'instinct de la prudence
et le goût de la ruse. La crise de colère éclate
brusquement : une petite contrariété, une
légère contradiction suffit à en déclancher la
soudaine violence ; ils se répandent en injures
et on les dirait prêts à en venir aux mains.
Mais leur âme prudente leur dicte aussi de
mesurer l'excès de l'outrage à la distance qui
les sépare et de la prodiguer sans retenue
lorsqu'ils sont assez loin pour être sûrs qu'on
ne les entend pas. Des injures et des menaces
sont proférées devant moi, unique témoin,
à l'adresse d'un marinier absent : qu'immédiatement après cela, les deux hommes soient
mis en présence l'un de l'autre, et leur colère
disparaît aussi subitement qu'elle était apparue. Après les pires disputes, mes trois compagnons se réunissent pour le repas autour
de la table commune sans qu'habituellement
leur conversation se ressente de l'altercation
passée. Ils causent avec tranquillité, plai-
santent même et rient. Mais les rancunes
s'épaississent au fond de leur cœur.

Quant à leur défiance, elle ne tombe jamais complètement.

Je crois volontiers que Léon cherche à m'éprouver. Pendant la première moitié du voyage, il a tenu soigneusement fermé au cadenas son coffre à effets placé dans l'écurie tout près de ma valise. Depuis plusieurs jours, le cadenas reste invariablement ouvert, à demi pendu à l'anneau. Je ne serais pas surpris qu'il m'eût tendu là quelque piège pour s'assurer de ma probité. Il doit avoir disposé ses effets de telle sorte qu'il pourra constater qu'un curieux les a explorés et même simplement que le couvercle a été soulevé.

Il imagine, un jour, un petit stratagème pour passer en revue le contenu de ma valise, sans cependant tomber dans un piège analogue à celui qu'il m'a lui-même tendu et qu'il peut supposer que je lui ai semblablement préparé. Pendant que le père Mathieu fait sa sieste et que le pilote, désireux de marcher un peu, conduit les ânes, Léon me confie la béquille, se rend à l'écurie et, de là, me demande si je puis lui jeter la clef de ma valise pour qu'il y prenne un peu de fil à coudre. Je ne pouvais refuser et je n'avais rien à craindre, cette opération, secrète ou déguisée ou avouée, étant toujours prévue et mes précautions prises en conséquence. Bien que le fil fût placé à la surface des quelques effets que j'emportais avec moi, Léon emploie près de cinq minutes à le chercher, fouillant — ainsi que je le constaterai plus tard — dans tous les coins, dans tous les plis de mes vêtements, comme l'aurait pu faire le plus soupçonneux des douaniers; et quoique me sachant retenu au gouvernail, par surcroît de prudence et dans la crainte qu'abandonnant la béquille je le surprenne en plein travail de recherche, il me crie de l'écurie, de moment en moment : « Eh ! Jacques ! où est-ce donc ? Je ne trouve pas... C'est-y à droite ?... Eh ! Jacques ! c'est-y dans le fond ?... Ça serait-y dans le calepin ?... » Alors, complaisamment, de la « levée » du bateau je lui réponds, et le son de ma voix, demeurant lointain, l'assure qu'il peut, sans inconvénient, poursuivre, derrière la cloison de l'écurie, sa minutieuse perquisition Peut-être veut-il s'assurer, pour lui et pour les deux autres, que je ne possède aucune pièce prouvant que je suis un mouchard.

Les mariniers ne connaissent pas d'autre objet de toilette que la serviette, le savon et le peigne. Léon me voit faire usage d'une brosse à dents et d'une éponge. Il me demande le prix de l'éponge. « Trois francs. — J'aimerais mieux, s'écrie-t-il, acheter pour trois francs de boudin ! » La vue de la brosse à dents l'a frappé de stupeur. Il m'a regardé maintes fois m'en servir. Enfin, un jour, il me la prend des mains, la regarde sur toutes ses faces, demande à voir mes dents qu'il s'étonne de trouver saines, me montre les siennes — de six molaires il ne lui reste que les racines à demi pourries et les autres dents sont plus ou moins cariées — et me prie de lui prêter ma brosse ! Il s'emploie, aidé d'une petite glace, à nettoyer ces vieux débris. Satisfait sans doute du résultat de l'opération, il me demande de lui faire cadeau de cette brosse merveilleuse, car « n'est-ce pas ? à Paris, vous trouverez facilement à acheter de ces choses-là » ?

Le pauvre garçon ! comme tous les gens

du peuple, il ignore l'hygiène de la bouche ;
pour eux tous, ouvriers ou paysans, la des-
truction des dents est fatale et le dentiste n'a
pas d'autre fonction que de les arracher
quand on en souffre trop. Mais Léon vient
de faire une découverte : la brosse à dents !
J'en fais usage et mes dents sont bonnes :
donc mes dents sont bonnes parce que j'en
fais usage, et ses dents cesseront d'être mauvaises s'il en fait usage à son tour ; elles gué-
riront !...

Le mauvais temps rend les nuits très froi-
des : je reste plusieurs heures sans dormir,
grelottant sous ma mince couverture. Aujour-
d'hui, nous cheminons sous la pluie pendant
tout l'après-midi. Surpris par une averse
comme je conduisais l'attelage entre deux
écluses, j'ai été trempé autant que si j'étais
tombé dans le canal : cela me vaut une forte
bronchite. Les mariniers ont revêtu leurs effets
en toile imperméable. Ils bougonnent : « Et
on dit qu'il y a un bon Dieu ! crie Léon. —
Le bon Dieu, c'est l'argent ! » réplique le
pilote. Quand je remonte à bord : « Vous

êtes tout *trempe*, me disent-ils. Ça devrait être *arrête*, dans cette saison, la pluie. — Bah ! fait l'un, on trouvera du beau temps *aillors !* — Le foin va pourrir. Il sera cher », songe avec inquiétude le charretier.

Le lendemain, le ciel nous sourit. Je marche sur la digue, à côté de Léon. « J'entrerais bien cinquante mille fois dans une église, s'écrie-t-il à la vue d'un clocher, que je ne retirerais pas mon chapeau ! » Après un moment de silence : « Malade, j'ai été à l'hôpital... Pour soigner les malades et les vieillards comme font les sœurs, faut avoir un bon cœur, y a pas à dire !... Et des types les insultent, les sœurs !... Moi, quand j'en vois une, je la salue !... Les curés, c'est autre chose : en faut pas, des curés !... Mais les sœurs !... » Il est incapable de se rendre compte par lui-même qu'une femme ne se « ferait pas sœur » si elle n'avait des « idées de curé ».

Léon n'est pas inaccessible au raisonnement. Fort intelligent, il apprendrait vite et réfléchirait correctement s'il recevait d'une personne investie d'autorité un enseignement et une direction. Mais, ignorant, inculte, il subit la contamination de toutes les sottises. Son orgueil, égal à celui de ses compagnons, le goût de l'indépendance et du commandement, qu'il éprouve au même degré qu'eux, ne lui laissent pas toujours tolérer de ma part, à moi qui n'ai ni le prestige de l'âge, ni celui du métier, une réflexion ou une question qui semblerait mettre en doute sa compétence ou porter atteinte à la supériorité que volontiers il s'attribue. En voici deux exemples précis dont sa violence coutumière, fouettée par la tension des rapports entre compagnons de voyage, a mieux accusé le relief.

Il me désigne, sur l'autre berge, un homme à casquette blanche : « C'est un garde-canal ». Je lui demande : « Que garde-t-il ? Est-ce…. » Il me coupe vivement la parole : « Il garde le canal ! » Je reprends : « J'entends bien. Mais surveille-t-il la pêche, ou l'état des digues, ou l'observation des règlements de navigation ?… » Rouge de colère et frappant du pied, il crie : « Il garde le canal, n. d. D. ! Puisqu'il est garde-canal, il n'est pas garde-rivière ! Vous êtes drôle, vous !… » Il suffoque d'indignation, il s'arrête sur place, fixant sur moi des yeux irrités, puis repart en cinglant de coups de fouet ses ânes.

Un peu plus loin, calmé, il me dit qu'« après le canal de Briare nous entrerons dans le canal du Loing. » Je me hasarde à lui demander si c'est « un canal latéral au Loing ou bien… » Il a déjà bondi : « Canal latéral !… Le canal latéral, c'est le long de la Loire ! — Est-ce alors le Loing canalisé ? — Mais non ! puisque c'est le canal du Loing ! » crie-t-il de plus en plus fort. Je me risque à ajouter, sur le ton le plus modeste : « Si ce n'est, ni le Loing canalisé, ni un canal latéral au Loing, qu'est-ce… — Encore ! Vous ne comprenez donc rien ? Je vous ai déjà dit que le canal latéral, c'est le canal latéral de la Loire ! Le Loing, c'est pas la Loire, bougre de c…! » Il paraissait exaspéré par ma sottise. Je me tus.

Impulsif et orgueilleux, il cède à sa violence après l'avoir contenue un moment. Énergique et dissimulé, il la contient après y avoir un instant cédé. Donc, un peu plus tard, je lui demande : « Êtes-vous syndiqués, entre mariniers ? — Non. Pourquoi faire ? — Pour

défendre vos intérêts communs. — Pourquoi
faire ? Je ne connais que deux sociétés, moi
et le genre humain. » Et, après un instant
de réflexion : « Le socialisme, c'est une bonne
chose. Voici comment je le comprends : je
n'ai rien, un autre a quatre sous; il m'en donne
deux. Voilà ! »

Précieuse déclaration ! Combien révélatrice ! Il confond syndicalisme et socialisme,
et sa façon de comprendre le socialisme,
c'est la façon simpliste de « Monsieur Tout-le-
monde » qui s'embarrasse peu des distinc-
tions d'école, des subtilités de doctrines, des
formules politiques, des étiquettes de groupes
et sous-groupes, ni de stratégie parlementaire.
Il n'emmêle pas l'écheveau des intérêts et des
idées. Il simplifie et ramène tout à la réalisation simple, claire, brutale et immédiate de
son intérêt individuel présent, sans s'embarras-
ser d'aucune des conséquences certaines ou
possibles de cette solution pour autrui,
pour la société, ou, indirectement, pour
lui-même. Être socialiste, c'est être partageux. Être partageux, c'est attendre du partage du bien des autres un accroissement de

ce qu'on possède et, si l'on ne possède rien, l'acquisition de quelque chose. Le socialisme se résout, pour les petites gens, en un transfert de propriété et un enrichissement dû à ce transfert immédiat. Le socialisme, dans la pensée populaire, c'est l'exaltation et le triomphe de l'instinct de propriété individuelle sous sa forme déprédatrice, en vue de la jouissance matérielle immédiate.

« Je ne connais que deux sociétés, moi et le genre humain. » Le marinier Léon raisonne comme un Sémite nomade et ravageur, comme le pillard d'une horde sauvage et conquérante, comme un Jean-Jacques, comme un pur libéral : à l'instar du plus orthodoxe et du plus doctrinaire des économistes libéraux, le marinier Léon ne connaît que son intérêt personnel et soumet volontiers la société tout entière aux exigences de ses appétits. Hors *la société de son moi*, suivant son énergique expression, il ne connaît rien, ni famille [1], ni métier, ni cité, ni province, ni

---

1. On sait, au contraire, quels sacrifices il consent à sa mère et à son frère. Nous avons ici le spectacle des deux courants contraires qui traversent son âme et la divisent, une

nation, sinon « le genre humain » qui ne
l'oblige à rien. Léon est un surhomme. Son
anarchisme humanitaire ne sort des vagues
songeries et des formules verbales que pour
préciser la féroce exigence des appétits de
son moi : il ne fait société qu'avec lui-même ;
cette société, la seule qu'il « connaisse »,
voilà le résidu concret de l'affirmation de sa foi
abstraite dans le genre humain. Il ne reste
plus que lui, lui seul, et, comme chacun peut
affirmer avec autant d'énergie la société de
son moi, nous voilà jetés à la guerre de tous
contre tous dans cette affreuse mêlée qu'ont
connue les pires époques barbares et dont la
vision nourrit le pessimisme désespéré de
Schopenhauer[1] : « Une chasse incessante où,

pratique inspirée de principes abolis, et des principes nouveaux qui, en passant de sa pensée dans ses actes, aboliront
les pratiques auxquelles il est encore fidèle.

1. Il existe une relation étroite entre la sauvagerie pessimiste incluse dans la réflexion spontanée du marinier et celle
qu'a développée la réflexion méditative du philosophe. Ces
rencontres ne manquent pas d'intérêt. Nous ignorons trop
que le travail laborieux du penseur ne fait qu'envelopper en
de savantes et profondes formules les cris de la chair ou
inspirations de l'esprit, qui parfois s'échappent, de la manière
la plus imprévue et la plus surprenante, des plus humbles
et des plus incultes des hommes.

« tantôt chasseurs, tantôt chassés, les êtres
« se disputent les lambeaux d'une horrible
« curée... »

Léon n'a pas lu Schopenhauer. Il ne lit
même pas les journaux. Il ne s'occupe pas de
politique. Il ignore tout de la vie de son
temps. Et rien, à un plus haut degré que cette
déclaration redoutable, ne rend manifeste la
profonde perméabilité de tous les groupes
sociaux, même les plus isolés, aux idées qui,
ayant cours à une époque donnée, s'insinuent
subtilement dans tous les esprits pour leur
bonheur ou pour leur ruine.

Léon m'assure que si, par hasard, il regarde
un journal, c'est pour « lire un crime ; ce qui
m'intéresse, c'est la chronique judiciaire et
les faits-divers ». Le conducteur me déclare
qu'il ne lit rien de plus dans *le Petit Parisien*. C'est le journal que je vois habituellement aux mains des mariniers ; quelquefois
aussi, mais bien moins souvent, *le Matin*.
Ces journaux ne reculent devant aucune
dépense de publicité : dans tous les hameaux
que nous traversons, dans toutes les auberges ou boutiques que les mariniers fréquen-

tent, s'étalent très en évidence des réclames en faveur de ces feuilles ; partout on les trouve en dépôt ; le marinier devient acheteur par suggestion. *Le Petit Parisien* leur tend, en outre, l'appât d'un *Bulletin de la navigation* où les mariniers peuvent trouver quelque indication professionnelle intéressante.

Sans doute, ils se défendent de s'intéresser à la politique : dans une auberge, mes trois compagnons rencontrent deux camarades ; tout en prenant un verre, ceux-ci rapportent qu'un marinier, avec qui ils buvaient chez un autre débitant, ayant voulu parler politique, avait été accueilli par un *tolle* général ; la simple évocation de ce fait provoque aussitôt les mêmes protestations.

Mais la politique les influence et les pénètre à leur insu. D'abord, elle constitue autour d'eux une atmosphère générale qu'ils respirent sans se rendre compte des modifications qu'elle prépare ou réalise en eux-mêmes. Puis, les grands événements politiques attirent et retiennent nécessairement un peu le regard des lecteurs d'un quotidien. Enfin, ils lisent le journal pour connaître les faits-divers et la chronique judiciaire : ce goût étant général, le gouvernement l'exploite pour « faire l'opinion » ; il prélude aux mesures politiques par des campagnes judiciaires ; il utilise ou crée de toutes pièces des « affaires » qui, après avoir appâté la curiosité du public, l'inclinent à accepter les lois auxquelles elles préparaient les esprits. Ainsi, grâce au jeu d'artifices habiles ou grossiers, l'opinion reflète les idées du gouvernement et subit toutes les pressions de sa volonté. Loin que notre État « démocratique » exprime la volonté générale, c'est la volonté générale du « peuple souverain » qui est comme sécrétée par les organes réels de l'État, si différents de ses organes apparents, et dont elle se borne à traduire la volonté particulière. L'action de cet État réel est à ce point puissante que les mariniers eux-mêmes, groupe fermé, étranger à la politique et sur qui elle ne s'exerce qu'indirectement, de loin et par accident, ne peuvent y échapper.

Le père Mathieu est de plus en plus rogue, hostile, réfractaire à toutes les avances que je lui fais. J'ai rarement rencontré un homme aussi hargneux. Sa femme n'est plus seule à subir sa mauvaise humeur. Presque chaque matin, depuis le départ de Roanne, on entend Mathieu, lorsqu'il se lève, parler avec violence à sa femme, qui n'a pas soufflé mot, et lui distribuer quelques injures. De la journée, devant nous, il ne lui adresse la parole. Ce n'est pas qu'il ait quoi que ce soit à lui reprocher, ni qu'il ne s'accommode pas de sa compagnie : loin de là. Mais il est et veut être le maître, c'est-à-dire, d'abord, le maître de sa femme. Et il le lui fait voir. Chaque matin donc, il affermit et raffermit son règne. Autoritaire, d'un autoritarisme pétri d'égoïsme et d'orgueil, il est possédé du désir de commander et de démontrer à soi-même et aux autres qu'il commande. Il cède à l'instinct animal du mâle, détenteur de la force : la loi de la force, loi des rapports sociaux dans l'état « naturaliste », s'applique d'abord à la première des sociétés, la société conjugale ; l'homme, qui est le plus fort, entend le prouver, et, inévitablement, le plus faible, qui est la femme, fait les frais de la démonstration; plus tard, l'enfant les acquittera à son tour et de la même manière.

Mathieu voudrait bien nous traiter ainsi. Mais, s'il a charge des marchandises, il n'a pas autorité sur le charretier ni sur le pilote. Il se rattrape comme gargotier et prend sa revanche à l'occasion de toutes les manœuvres du bateau auxquelles il collabore : il critique alors avec aigreur tout ce que font ou veulent faire les deux autres, les interpelle avec animosité et en reçoit en retour d'abondantes humiliations. Le pilote et le charretier lui répliquent avec insolence, nient l'autorité qu'il s'attribue, menacent de ne pas lui obéir. Il reproche à Léon de ne pas serrer fortement les amarres : Léon lui répond ironiquement qu'il ne veut pas « attraper une *forçure* »[1].

Toutes ces manifestations d'hostilité se multiplient et s'aggravent depuis que le désaccord a éclaté entre eux. Il n'est travail du pilote ou du charretier que le conducteur ne blâme. Son incorrigible vanité et sa mau-

1. Un effort.

vaise humeur constante lui font répéter à tout propos qu'il ne se trompe pas, que l'on n'a pas à lui indiquer ce qu'il convient de faire, qu'il s'y entend mieux que les autres, qu'il n'a besoin des conseils de personne. A la sortie d'une écluse, il entre dans une colère folle parce que Léon l'aide à manœuvrer le gouvernail : « C'est comme si tu me disais que je ne suis plus bon à rien ! que je n'ai plus qu'à m'en aller !... » hurle-t-il, rouge de fureur, tendant le poing et trépignant. « Tu me retires mon travail ! Plutôt que tu m'aides, j'aimerais mieux me pendre par la peau de mes c... ! » Et un déluge d'injures et d'insanités. Léon, d'abord interdit par cette explosion de violence, saute sur le quai et s'éloigne en brandissant son fouet d'un air de menace...

Le lendemain, pendant que le bateau, dans une écluse, descendait en même temps que le niveau de l'eau, je me hasarde à faire remarquer au père Mathieu qu'il a oublié de pousser la béquille en travers de la levée : il me remet vertement à ma place. A la sortie de l'écluse, il oublie de rabattre le safran : je m'empresse d'exécuter cette petite manœuvre sans souffler mot. A l'écluse suivante, la poussée de l'eau ayant fait reculer à l'excès le bateau dont les amarres étaient trop lâches, le safran, serré contre l'écluse arrière, craque et l'une des pattes qui le fixent au gouvernail se brise, — petit accident qui ne met pas complètement le safran hors d'usage et qui est facilement réparable ; au reste, nous arrivons le lendemain à Saint-Mammès.

Mathieu ne dit rien, sur le moment. Mais, dès que nous nous attablons pour le déjeuner, il m'interpelle sur un ton menaçant, m'accusant d'avoir causé tout le dégât, à l'avant-dernière écluse, en laissant retomber trop brusquement le safran. Il a tout l'air de me chercher querelle. On dirait que, convaincu maintenant (peut-être à la suite de l'exploration de ma valise) que je ne suis pas un espion de la Compagnie, il croit pouvoir se soulager enfin de toute la rancœur qu'il a silencieusement accumulée contre moi au cours de ce voyage. « Comment ! m'écrié-je avec indignation [1],

1. J'hésitai, une seconde, entre deux attitudes : me taire et le laisser exprimer tout son sentiment sans en influencer le développement ; ou protester avec vivacité contre ses accusa-

vous dites que c'est moi qui ai brisé par maladresse le safran ! Mais nous l'avons tous vu se rompre contre la dernière écluse ! » L'air plus agressif encore, il allait hausser le ton. « Assez ! dis-je sèchement en frappant de la main sur le bord de la table. Je ne souffrirai pas ce mensonge ! C'est vous qui n'avez pas fait tendre suffisamment les amarres ! J'ai vu ce qui s'est passé ! J'en suis témoin ! J'y avais l'œil ! » Blême de rage, il se contient et garde le silence. La mère Mathieu, qui s'était glissée sans bruit hors de la cabine et allongeait près de mon épaule une tête inquiète, s'empresse avec une politesse affectée : « Monsieur Jacques (elle me donne du *monsieur* pour la première fois), *tirez*[1] encore au plat !... Tirez ! Monsieur Jacques !... » Et aux autres, elle ajoute, suivant son habitude : « Tirez, les hommes ! allons ! tirez encore de la soupe !...» Elle redouble de soins inusités. Un grand

tions et me transformer en accusateur pour mesurer la réaction produite. Comme nous touchions au terme du voyage, je me résolus aussitôt à ce second parti et j'en accentuai l'effet en ponctuant mon offensive par : « ... J'en suis témoin ! J'y avais l'œil ! » Cette petite « expérimentation » n'a pas été superflue.

1. Prenez ! servez-vous !

silence règne sur nous. Le conducteur dévore l'affront. Jamais un « homme » ne lui a parlé sur ce ton de commandement tranchant et sec. Il est dès lors convaincu d'avoir affaire à un agent secret de la Compagnie et qu'il doit se taire de crainte d'un malheur. Jusqu'à Saint-Mammès, Mathieu sera désormais poli avec moi, et sa femme me prodiguera de petites attentions et de bonnes paroles. Ainsi s'achève de se dévoiler leur âme : plats et serviles à l'égard de ceux dont ils attendent ou craignent quelque chose, ils se montrent arrogants et durs pour un inférieur et prêts à le calomnier afin de s'éviter un léger ennui.

L'après-midi, le pilote étant à terre, Léon se répand en invectives contre lui, « ce pouilleux qui nous a tous empouillés » ! Il m'appelle : « Venez voir !... Je l'ai guetté, le vieux ! Il a tout de même changé de chemise et j'ai découvert sous une bâche celle qu'il a quittée... Regardez ça, s'il y en a, des poux ! et de quelle taille !... » Jurant et pestant, Léon va reporter dans sa cachette l'infecte, crasseuse et grouillante chemise.

Il est temps que le voyage s'achève. Les

esprits sont trop surexcités... Le canal s'allonge en une solennelle perspective, entre deux rangs de hauts peupliers, comme une royale avenue d'eau, majestueuse et mélancolique, qui semble conduire aux terrasses fleuries et aux eaux jaillissantes de quelque Versailles inconnu...

Saint-Mammès. — Nous devons tous nous séparer ici. Le chaland ne quittera le port que pour entrer en Seine, remorqué par un vapeur jusqu'à Paris. Seuls, le conducteur et sa femme accompagnent le bateau et son chargement.

Il est sept heures du soir lorsque nous amarrons à Saint-Mammès. Tout le long du quai, les débits se succèdent, happant les mariniers. A côté du comptoir, les musiques et loteries automatiques à deux sous sollicitent le joueur, l'ivrogne, le marinier joyeux d'avoir achevé son voyage. Dans le même débit, le vieux pilote dépense cinquante centimes à divers appareils : comme un enfant, il tient à se faire jouer quelques ritournelles qu'il écoute d'un air béat. Le cabaretier a installé un nouvel orgue mécanique, étincelant de dorures et de verroterie : mes compagnons ne peuvent détacher les yeux de ce chef-d'œuvre d'horreur qui ferait hurler un chien bien élevé et mourir d'envie un roi nègre, et qui les plonge dans l'admiration. Nous prenons deux tournées avant le dîner et une autre après avoir mangé, mais rapides et silencieuses, car chacun songe déjà à ses petites affaires : le lien occasionnel qui a réuni ces hommes pendant près de trois semaines est déjà rompu ; leur intimité n'est plus que le mauvais souvenir d'une inimitié qui ne se prescrira pas.

Le lendemain matin, dès cinq heures, nous sommes debout. Le père Mathieu, plus matinal encore, avait déjà remplacé par un safran neuf le safran brisé. Entre cinq heures et dix heures, avant que je n'aille prendre le train, nous buvons encore, en différentes tournées d'adieu, chacun six petits verres d'alcool et deux verres de vin.

Au cours de dix-huit jours de navigation, ma part de dépenses de cabaret s'est élevée à dix francs. J'étais cependant un ouvrier sans travail. Mais il semble que rien ne puisse soustraire l'ouvrier à l'obligation conventionnelle de se ruiner et de ruiner sa santé chez les marchands d'alcool et de vin.

Néanmoins, en apprenant que le chiffre de ma quote-part n'est pas plus élevé, une personne qui connaît à fond les mariniers pour avoir continuellement affaire avec eux, m'assure que mes compagnons doivent être considérés comme de très modérés buveurs.

CONCLUSION

En travaillant sur les quais de Roanne,
j'ai pu constater l'infranchissable distance
qui sépare les mariniers et les débardeurs.
Le silence dédaigneux des mariniers n'accuse
pas seulement le mépris et l'hostilité, mais
la crainte à l'endroit de journaliers auxquels
se mêlent souvent des gens sans aveu [1].

Généralement énergiques, travailleurs,
doués d'une intelligence professionnelle très
vive, exerçant sur les choses du métier un
jugement très sûr, éprouvant le désir d'amé-
liorer leur situation personnelle, de gagner et
d'économiser pour acquérir un peu de bien,

1. V. ci-dessous, l'épisode des terrassiers du canal, à Vendin. — V. également, dans *la Vie ouvrière*, p. 182, 186, 187,
188.

ayant l'esprit et le goût de la propriété, les mariniers sont tous défiants à l'excès, très dissimulés et pleins de ruse.

Très aptes à tenir leur emploi, susceptibles d'une éducation professionnelle qui leur permettrait d'intervenir utilement dans la gestion de leurs intérêts collectifs, ils demeurent cependant étrangers à cette culture, impuissants pour l'action, fertiles en conflits intimes, luttes et rivalités stériles, disputes et haines malfaisantes.

Le conducteur du bateau se croit le chef parce qu'il a la responsabilité des marchandises ; le pilote, parce qu'il dirige le bateau ; le charretier, parce que, sans lui, le bateau ne marcherait pas. De ces trois hommes, associés à une œuvre commune, aucun n'est investi d'une autorité sur les autres. Leur société nous fournit le type même d'une société anarchique. Qu'arrive-t-il ? Ils se jalousent mutuellement ; la collaboration apparaît à chacun comme une inacceptable soumission ; tous veulent commander, nul ne consent à obéir. Complètement livrée à elle-même, leur petite société, image de la grande, se dissoudrait aussitôt. Mais tout se passe en protestations de principe et en disputes verbales, et ils accomplissent, en fait, leur tâche : c'est qu'une autorité extérieure et supérieure intervient pour faire plier leurs volontés et pour coordonner leurs efforts. Ils sont agis — lointainement, il est vrai, et d'une façon médiate, indirecte — mais enfin agis par une autorité contraignante que l'égalité qui règne entre eux rend indispensable et bienfaisante. D'ailleurs, s'ils s'insurgent les uns contre les autres, ils ne s'insurgent pas contre cette autorité, car il leur reste encore trop de solide bon sens pour ne pas sentir fortement qu'elle leur est nécessaire. L'expérience le leur enseigne. La démonstration de cette vérité est enfermée dans la vie même qu'ils mènent. Elle leur paraît répondre à une nécessité évidente et exprimer directement la nature même des choses : leur travail ne peut être payé que s'il est productif, c'est-à-dire si les marchandises que le bateau transporte parviennent en un lieu donné dans un temps donné ; et l'autorité dont ils dépendent exige d'eux précisément ce résultat [1]. Ils marchent donc, le bateau avance, le voyage s'effectue dans les délais utiles, parce qu'ils savent qu'il leur faut, sous peine de perte de leur emploi, arriver, à quelques jours près, en un lieu déterminé. La crainte de la sanction, la vision de ses conséquences redoutées, les amène à composer et les maintient dans le devoir.

Leur vie morale, parce qu'elle est soustraite à toute discipline de ce genre, nous offre le spectacle d'un désordre alimenté par tous les plus bas sentiments de la nature humaine. Sous l'empire de l'envie, l'orgueil, la colère, la violence, la vie en société de ces trois mariniers devient rapidement impossible. Leur individualisme antisocial, mais

---

1. Dans les grandes entreprises industrielles, au contraire, la spécialisation outrancière et l'extrême complexité de l'organisation font perdre aux ouvriers le contact des réalités professionnelles. Ils pourraient les saisir dans et par l'association de métier. Mais cet organisme éducateur et coopérateur n'existe pas : les salariés ne sentent plus que les effets d'une discipline stricte à laquelle les mariniers échappent. L'indépendance dont ceux-ci jouissent facilite leurs rapports avec leurs employeurs : ils sont soustraits à un contrôle immédiat et personnel souvent irritant. Le caractère de leur travail permet de le conduire suffisamment à leur guise, et ce travail est modéré. Par rapport aux autres salariés, ils bénéficient donc de conditions exceptionnelles et vraiment privilégiées.

trop profondément nourri par l'instinct de l'égoïsme pour n'être pas essentiellement humain, transforme chacun d'eux en un loup pour ses semblables. Si leur vie morale s'est nettement inférioriée, leur intelligence n'a pas subi une moindre diminution : très bien doués, ils sont cependant stupides. Soustraits à l'action de l'Église et assujettis à l'État laïque, ils ont réalisé très vite un type voisin de ces échantillons inférieurs d'humanité que le vulgaire appelle « sauvages » et que les transformistes qualifient de « primitifs ». Ils conservent cependant d'excellentes qualités qui attestent la supériorité de leur race, mais que neutralise le développement de sentiments et d'idées d'une origine différente.

Leurs défauts — volerie, tromperie, mensonge, médisance, colère, haine, ivrognerie, débauche — sont les défauts mêmes de notre nature qui n'en peut triompher que sous l'influence d'idées supérieures à cette nature et transmises par un organisme spirituel approprié. La classe ouvrière s'élèvera par ses propres efforts, pourvu du moins que l'Étoile conductrice des bergers ne lui soit pas dérobée derrière les nuées de l'erreur. Leurs réflexions politiques ou religieuses mettent à nu le mécanisme de leur pensée et les influences qui s'exercent sur elle. Leur ignorance et leur réceptivité dans les questions religieuses sont les mêmes que dans toutes les autres questions dont dépend la prospérité, l'existence même de notre pays.

L'État se préoccupe davantage d'obscurcir et de dégrader leur conscience que de livrer à leur activité matérielle, conformément à sa fonction fondamentale, un réseau plus complet de canaux bien entretenus. Aussi les herbes mauvaises et la vase des superstitions s'épaississent-elles dans leur âme. Ils retournent au culte des forces de la nature : une puissance mystérieuse, cachée dans l'eau trouble, *appelle*, comme disait la Berrichonne éplorée, les ânes qui, glissant de la berge, s'abandonnent à la fée des eaux et lui donnent leur vie ; le charretier adresse une prière à la lune pour qu'elle le guérisse de son mal de dents. Ils redescendent, par les voies rapides d'une évolution régressive, à la religion naturaliste et aux pratiques superstitieuses qui s'y associent. Ce retour offensif de l'idolâtrie — observable aussi chez les paysans — il serait aisé d'en déceler les manifestations significatives chez tous nos contemporains cultivés qui professent le scientisme ou en subissent l'influence. Le culte des forces naturelles, du soleil, de la lune, de l'eau, des éléments, redevient la substance de la métaphysique et de la théologie des savants comme des simples. A cette conception de l'univers s'ajoute inévitablement l'idée religieuse de la Société divinisée.

Enfin, glissant très vite sur les pentes de l'instinct, ils se fabriquent une morale indépendante déterminée par les images sensuelles qui ont envahi tout le champ de leur conscience : un hédonisme grossier, qui rend imminente la résurrection, sous des formes modernes, des cultes orgiaques, s'élabore dans et par les pratiques mêmes auxquelles ils sont descendus.

Ainsi renaissent spontanément dans le peuple, soustrait à la discipline éminente de l'Église, les idées et les mœurs d'un paganisme en gestation dans la pensée régressive des philosophes et des scientistes du siècle dernier ; l'accord de la masse et de ses mauvais guides se fait tout naturellement sur un système d'idées inférieures et de basses pratiques qui consacre la déchéance d'une société.

CHAPITRE III

TENTATIVES INFRUCTUEUSES
AUPRÈS DES MARINIERS DU NORD.

—

§ 1. — DOUAI.

Le lundi et le vendredi matin, au coin de la rue Saint-Jacques et de la place Carnot, se tient le marché d'affrètement. Sur le trottoir, sur la chaussée, dans les trois cafés voisins, par groupes, les mariniers venus chercher du fret s'entretiennent de leurs affaires, du mouvement des marchandises et discutent leurs intérêts.

Je me hasarde à aborder un groupe de trois hommes pour leur demander s'ils ne connaîtraient pas un patron de bateau qui accepterait de prendre à son bord, jusqu'à Paris, un passager payant. Ils haussent les épaules, de façon évasive. Pendant que l'un d'eux me conseille de m'informer auprès de leur « syndic », les deux autres s'éloignent. « Où est-il, votre syndic ? » L'homme paraît réfléchir, puis répond lentement, en me lançant à la dérobée un coup d'œil rapide et aigu : « Je ne sais pas... il était là... il n'y est plus... il se fait tard... le marché va finir... Il doit être parti chez lui... — Où demeure-t-il ? — Ah !... il a changé de maison... je ne connais pas sa nouvelle adresse... »

Au marché suivant, j'aborde deux mariniers : « Connaîtriez-vous un patron qui me prendrait à bord comme passager payant ? » En entendant cette proposition, ils demeurent immobiles et muets de surprise. Ils finissent par répondre, avec un coup d'œil oblique et méfiant : « Nous n'en connaissons pas. » Le ton est glacial. Toute insistance serait inutile. Je m'adresse à un autre marinier. « Non, fait-il plus aimablement, je n'en connais pas. Mais peut-être qu'en demandant aux bateaux qui passent vous en trouveriez qui accepteraient de vous prendre. — Il en descend beaucoup sur Paris ? — Oh ! beaucoup ! — Combien faut-il de temps pour gagner Paris ? — Dix à quinze jours. — Si vous avez un syndicat, peut-être pourrait-on me renseigner ? — Ah ! oui ! certainement... il saurait cela... Allez donc y voir ! » Mais il n'en connaît pas l'adresse et un camarade, à qui il la demande, n'en est pas plus instruit.

Je flâne sur les quais du bassin. La plupart des bateaux sont originaires de la Flandre française : — *Le Dé,* — *Orgia,* — *Gladiator,* — *Boristhène,* — *Caïus,* — *Asham,* — *Sable,* — *Organe,* — *Ségovie,* — *Alarme,* — *Laurier,* — *Aéroplane.* — Quelques-uns, de Douai : — *Océan,* — *Texas,* — *Ararat,* — *Mira ;* — ou de l'Artois : — *l'Alchimie ;* — de Champagne : — *Sébastopol ;* — de Belgique : — *la Barrière,* — *Moniteur.* — Je note deux noms pittoresques : — *Sac d'os,* du Berry, — *Mal à bord,* de Termonde. D'autres dénominations rappellent le pays d'origine : — *l'Escaut,* — *la France ;* — ou un personnage célèbre : — *Hoche,* — *Marceau,* — *Samson,* — *Dalila,* — *Goubet,* — *de Wet,* — *de Villars ;* — ou une pensée religieuse : — *Grâce de Dieu ;* — ou le nom d'une personne de la famille : — *Jeune-Henri*, — *Jeune-Irma*, — *Jack*, — *Louise*, — *Gustave-Suzanne;*—ou combien on a souhaité posséder ce bateau, — *le Désir*, — *le Désiré*; — ou combien on l'aime : — *Joli*, — *Idole* ; — ou quelles qualités on lui attribue :—*Résolu*, — *Furet*, — *Franchise*, — *Prudence*.

J'entre dans un estaminet de la Marine. Tout comme au marché, on ignore l'adresse du syndicat, mais on me tend le journal, *l'Étoile du Batelier*,qui me la fournit.

Je m'y rends. Le président du syndicat me dit de suite, très nettement : « Vous ne trouverez pas ce que vous cherchez. Ça n'est pas dans leurs habitudes. Un batelier prendra un camarade pour lui rendre service; mais un étranger à la batellerie, jamais. »

La batellerie constitue donc, en fait, un corps très cohérent, très étroitement fermé et qui se défend très jalousement contre les gens du dehors.

Le *Syndicat professionnel des patrons bateliers et entrepreneurs de transports par eau*,qui siège à Douai [1],et dont je viens d'aper-

1. Dans le Nord tout au moins, la batellerie possède un cer-

cevoir le président, est de création récente. Il se propose la défense des intérêts de la « corporation » des mariniers, suivant la propre expression de son journal hebdomadaire, *l'Étoile du Batelier* [1]. Le syndicat s'efforce, en particulier, de réaliser l'entente des intéressés en vue de l'établissement de prix rémunérateurs ; il assure [2] avoir obtenu à cet égard des résultats positifs. Mais la croyance à l'utilité de l'intervention parlementaire et le recours confiant aux hommes investis du pouvoir législatif, qu'accusent quelques numéros de *l'Étoile du Batelier* tombés sous mes yeux, décèlent un excès de naïveté des plus préjudiciables aux mariniers adhérents de ce syndicat.

Je lis, par exemple, dans le numéro du 12 janvier 1912, un article *Sur la petite et la grosse Batellerie, la Batellerie artisante et la Batellerie capitaliste,* qui a pour auteur M. Choteau, directeur du journal et prési-

tain nombre de syndicats. Ainsi, je lis par hasard, sur *la Croix du Nord*, 10 août 1912, qu'il existe à Dunkerque deux syndicats de mariniers et qu'il est question d'en créer un troisième.

1. N^{os} du 6 janvier 1912 et du 10 août 1912.
2. N° du 10 août 1912.

dent du syndicat. Après avoir distingué les diverses catégories de bateaux et d'entreprises de batellerie [1], M. Choteau écrit :

« ... Au moment où vont se discuter des questions aussi importantes, telles que la réforme de l'affrètement et le code fluvial de la batellerie, il faut au moins que l'on sache

[1] « Il y a batellerie et batellerie. Il y a tout au moins deux grandes catégories de bateaux et, si on doit dénommer ces deux catégories la petite et la grosse, les techniciens ne me démentiront certainement pas si j'indique que c'est le type de bateau de 38 m. 50 de longueur et 5 mètres de largeur qui doit marquer la limite entre ces deux catégories, puisque les bateaux de dimensions supérieures ne peuvent, de par leurs proportions, voyager que sur les cours d'eau pour lesquels ils ont été construits ; le rayon d'action de ces derniers est du reste très limité, car, en dehors de la Seine pour la région Paris-Rouen, et d'autre part le Rhône, fleuve impraticable pour le genre de bateau qui nous occupe, les autres cours d'eau ayant des écluses de grande dimension ne servent généralement que pour livrer passage aux bateaux de 38 m.50...

» ... Il y a aussi une batellerie artisante et une batellerie capitaliste, et ces deux dernières classes se confondent avec les deux premières catégories ci-dessus, car, s'il y a très peu de bateliers artisans dans la grosse batellerie, il y a par contre de nombreux bateaux appartenant aux capitalistes dans la catégorie dénommée petite batellerie... La première classe comprend les bateaux conduits par leurs propriétaires, et la deuxième les bateaux conduits par des contremaîtres ou pilotes... La petite batellerie est de beaucoup plus importante que la grosse. En ce qui concerne les classes de bateaux conduits par leurs propriétaires (classe d'artisans) et bateaux conduits par des contremaîtres (classe de capitalistes), leur nombre est sensiblement égal... »

que ce n'est pas un représentant de la petite
batellerie qui peut représenter la grosse, et
réciproquement. De même que l'on ne peut
se figurer un membre de la batellerie capitaliste ou travaillant constamment avec elle,
représentant la batellerie artisante... »

M. Choteau semble oublier que, dans
notre régime économique, la batellerie ne
forme pas un corps organisé, et que, dans
notre régime politique, les intérêts de la
batellerie seront réglés, non par ses représen-
tants, mais par des Parlementaires ignorant ses besoins et n'éprouvant pour eux que
la plus complète indifférence. Mais M. Choteau ne considère pas un seul instant que la
discussion et le règlement de « questions
aussi importantes » doive ressortir à la batellerie elle-même. Dans un autre article du
même numéro de son journal, je lis en effet,
sous le titre *le G. G. B.* [1] *au ministère
des Travaux publics,* le récit d'une « entrevue du président et de l'avocat-conseil du
groupement avec M. Augagneur, ministre

---

1. C'est-à-dire : le Groupement général de la Batellerie.

des Travaux publics ». On conçoit immédiatement quelle sympathie éclairée Augagneur
peut éprouver pour la batellerie !

« Mercredi 20 décembre, M. Augagneur,
député de Lyon, ministre des Travaux
publics, a reçu MM. Choteau et d'Hooghe.
L'entretien a duré plus d'une demi-heure »
et a porté sur une proposition de loi Davaine-
Bouvier, sur la réforme de l'affrètement
et la question de l'hypothèque fluviale.
... M. Augagneur prenait des notes en les
écoutant... Il a répondu ne pouvoir s'engager
sans une étude préalable... Il a déclaré vouloir attendre les conclusions de la Commission nommée par son prédécesseur...
MM. Choteau et d'Hooghe ont vu ensuite
M. l'Ingénieur en chef Dreyfus... Ils ont rapporté de cette entrevue l'impression qu'un
homme de cette haute intelligence, s'intéres-
sant sincèrement au développement du trafic
fluvial, ne pourra que travailler avec le plus
grand dévouement au relèvement de la petite
batellerie. »

On se demande, à voir ainsi béer d'admiration les chefs du G. G. B., s'ils sont dupes

ou complices. Pour avoir reçu un peu d'eau bénite de cour, ils se hâtent de rapporter pompeusement à leurs mariniers des impressions optimistes et vagues. Augagneur, ses prédécesseurs et ses successeurs, ne peuvent s'intéresser aux mariniers que dans la mesure où ceux-ci peuvent intéresser les intrigues du parti ministériel ou les intrigues personnelles du ministre. En dehors de ce point de vue, les ministres se moquent des mariniers autant que des Martiens ou des Botocudos. Je connais l'extrême défiance des mariniers et j'en recueillerai d'autres preuves ; Jean de l'Écluse a exposé leur ignorance impuissante et les tromperies dont ils sont victimes ; mais les mariniers ne connaissaient pas encore l'exploitation politicienne ; cette affliction leur manquait.

Le premier souci de syndiqués non dépourvus de toute expérience de la vie politique de notre pays et la préoccupation essentielle de directeurs d'un syndicat véritablement professionnel et soucieux des intérêts professionnels seraient de fuir le monde officiel. Les syndiqués pourraient, dans une société normalement constituée, résoudre eux-mêmes les questions qui les concernent ; seuls, ils ont qualité pour les traiter parce que, seuls, ils ont intérêt à leur solution et possèdent ou peuvent acquérir la compétence nécessaire. Mais hâtons-nous de reconnaître qu'une telle aptitude suppose la « Corporation » organisée, c'est-à-dire pourvue de sa constitution, de sa charte, d'un statut que l'État parlementaire ne lui a pas donné et qu'il ne lui donnera jamais : il redouterait trop d'instituer un corps indépendant et compétent qui porterait atteinte à sa souveraineté universelle en la limitant. Si les mariniers veulent vivre, cet État ravageur, lui aussi, veut vivre, dussent les mariniers périr.

Dès le 6 janvier 1912, *l'Étoile du Batelier*, adressant ses souhaits à ses lecteurs, formulait le vœu de voir enfin se réaliser « les réformes si longtemps attendues et si ardemment désirées... nécessaires à notre cause méconnue, ou plutôt inconnue... La petite batellerie, comme sœur Anne, n'avait jamais vu rien venir. Cependant, confiante en son syndicat, elle a attendu avec patience

et persévérance. Sa confiance ne fut pas mise
en défaut et son attente ne fut pas déçue
puisqu'il y a trois mois elle put se convaincre
que ses défenseurs naturels, travaillant en
silence et sans perdre leur temps en promesses
aussi mirobolantes qu'irréalisables, ont déposé
sur le bureau de la Chambre des députés un
projet de loi qui, s'il n'est pas encore voté
(et pourquoi ne le serait-il pas à son tour?) a
fait savoir à ceux qui ignoraient la petite
batellerie, premièrement qu'elle existait, et
ensuite qu'elle était complètement dépourvue
de lois, c'est-à-dire ne pouvant se défendre
qu'imparfaitement, malgré son courage à la
tâche, contre ses exploiteurs qui sont légion
et d'autant plus puissants qu'ils peuvent agir
avec l'assurance de l'impunité... La petite
batellerie syndiquée sera heureuse de ce
résultat obtenu par leur syndicat... Les non-
syndiqués seront enchantés également des
résultats obtenus par le G. G. B... Ce que le
G. G. B. a obtenu avec 2.500 bonnes volontés n'est rien en comparaison de ce qu'il
obtiendrait si toute la petite batellerie, c'est-
à-dire 5.000 petits patrons bateliers *libres*

consentaient à donner leur adhésion au seul syndicat qui les a aidés… Que les 2.500 non-syndiqués le comprennent et fassent leur devoir… »

Alors ils obtiendront deux fois plus d'entrevues avec le ministre, de nombreux projets de loi seront déposés sur le bureau de la Chambre qui, s'ils ne sont pas votés (et pourquoi ne le seraient-ils pas à leur tour ?), feront savoir aux personnes ignorantes des besoins de la batellerie que ces besoins existent ; et une loi sera adoptée, sans aucun retard, qui astreindra les enfants des mariniers à la fréquentation de l'école laïque sous peine d'amende, saisie et contrainte par corps (style Viviani), ou déchéance paternelle (style Reinach).

§ 2. — LENS.

Un certain nombre de péniches stationnent le long des rives du canal.

Sur le pont d'un bateau chargé et à destination de Paris, j'avise un homme et lui demande s'il consentirait à me prendre avec

lui comme passager payant. Il me répond
qu'il n'est pas le patron, que le patron sera
là « dans la soirée » et que je n'ai qu'à revenir
lui parler. Je reviens à deux heures de l'après-
midi. Dès avant midi, m'apprennent les mariniers voisins, le bateau s'était mis en route !

Je m'adresse au patron d'une autre péniche,
également chargée et à destination de Paris.
Il murmure : « Oh ! il faudrait y réfléchir...
j'aurais besoin de voir... » Et il s'éloigne.

J'avise un autre bateau. Il n' est pas encore
chargé. Un marinier à la figure franche,
ouverte, et qui paraît âgé de vingt-cinq ans
environ, en repeint les flancs : « Vous prendre
à bord ? Oh ! ce n'est pas possible : j'ai ma
mère, ma sœur... Si vous pouviez trouver
ailleurs ? Ce sera bien difficile : je connais
leur caractère, aux mariniers... » Comme il
ne paraît pas se tenir sur cette réserve froide,
un peu hostile, des autres bateliers, j'essaie
de parler un peu avec lui des choses du
métier. « Les petits bateaux du Berry ? fait-il.
Oh ! que c'est rare qu'ils viennent par ici !
Avec leur faible tonnage, ils ne feraient pas
leurs frais. Même chez eux, ils sont appelés à

disparaître lorsque la grande batellerie y pénètrera... La traction électrique ? C'est bon par ici, mais sur les canaux du Centre il n'y a pas assez d'activité ; elle ne paierait pas sa dépense... » Et il s'en va peindre le flanc opposé de la péniche pour la mettre entre lui et moi, et se débarrasser de l'étranger qui l'importune.

Ces premières tentatives, à Douai et à Lens, sont très symptomatiques et particulièrement décourageantes. Mais c'est à Vendin, grand centre de batellerie, que je dois faire porter mes efforts.

§ 3. — Vendin-le-Vieil.

Vendin-le-Vieil, aux environs de Lens, est un port fort important. Un vaste bassin se creuse à quelques centaines de mètres du village et à moins d'un kilomètre de Pont-à-Vendin. Les Compagnies minières ont construit près du bassin un port de chargement pour leurs charbons. Des fours à coke s'élèvent sur la berge du canal, entre le port des Compagnies et la gare du chemin de fer.

Peut-être parviendrai-je à trouver là quelque péniche plus hospitalière, parmi les centaines qui attendent à l'amarre ou celles qui passent à toute heure du jour. De nombreux estaminets et marchands d'articles de batellerie se succèdent le long des quais ; plusieurs logent et prennent des pensionnaires. On me conseille de m'installer chez l'un d'eux et de l'associer à ma recherche d'un marinier accueillant ; on m'indique même très expressément un de ces logeurs.

Je m'y rends aussitôt et je demande une chambre. « Nous n'en avons pas. — Vous louez, cependant ? — Mais non. — Comment ! non ! On me l'a assuré et c'est pour cela que je suis venu. » Alors la femme avoue : « Nous avons deux chambres, en effet, mais elles sont occupées par deux pensionnaires. Allez donc chez Un Tel. Il a des chambres. »

Je vais à l'estaminet indiqué. Mais la propriétaire assure qu'elle n'a pas de chambre et qu'elle ne loge pas. J'insiste : « C'est tel café qui m'envoie. — Ah ! monsieur, j'ai seulement une chambre et elle est occupée par les charretiers. »

J'avise un estaminet de belle apparence, surmonté d'un étage, et je me fais servir un café. On me regarde un peu de travers ; je sens une hésitation ; mais, enfin, on me sert le café demandé : « Avez-vous une chambre libre ? Logez-vous ? — Non. — Pouvez-vous m'indiquer un logeur ? — Oh ! nous ne savons pas... Plus loin... peut-être en trouverez-vous... » Et l'on s'informe : d'où je viens, quel est mon métier, où je travaille.

Je me risque dans un quatrième estaminet : « Pouvez-vous me louer une chambre ? » La femme reste sur place, silencieuse. Elle m'examine. Je ne suis pas vêtu comme un marinier : mon pantalon de velours, ma veste défraîchie, ma casquette fripée décèlent l'ouvrier des usines, des fours à coke peut-être où viennent tant de manœuvres étrangers au pays et suspects ; même ne serais-je pas quelque débardeur ou terrassier, un de ces chemineaux qui sont la terreur des gares d'eau et chemins de halage ?.. Je renouvelle ma demande. Elle prononce alors sèchement :

« Non. — Pouvez-vous au moins m'indiquer un logeur ? — Je n'en connais pas. — Vous n'en connaissez pas ? C'est étonnant. Il y en a tout de même, dans le pays ! — Allez à la gare ! fait-elle, hostile. Il y en a, là. »

Il est facile de juger de la défiance extraordinaire des mariniers par l'excès de défiance des commerçants qui sont exclusivement en relations avec eux. Leur caractère soupçonneux, d'origine professionnelle, est renforcé par le caractère naturellement peu accueillant des habitants de la province.

Décidé à renouveler encore ma tentative, je pousse la porte de l'estaminet suivant. L'homme et la femme se montrent moins farouches et plus adroits : ils n'ont actuellement pas de place pour me loger et ils me désignent un collègue qui loue habituellement des chambres. Profitant aussitôt de leurs meilleures dispositions, je m'enquiers des chances de succès que peut offrir mon projet de prendre place sur un bateau comme passager payant : « Je n'ai pas besoin d'être à Paris avant trois semaines ; d'ici là, je ne puis espérer trouver du travail ; je dépenserai moins en péniche que si, le chemin de fer payé, je dois rester oisif à Paris où l'on a tant de tentations de dépenser... Et puis ça me fera voir le pays...» Leur visage ne laisse rien paraître de leur sentiment. Ils répondent, avec une politesse évasive, qu'ils s'enquerront auprès des patrons bateliers qu'ils connaissent. Comme ils paraissent disposés à causer, je leur prends une consommation et leur demande si les bateliers sont syndiqués. « Ah ! font-ils, il y avait un syndicat, mais ceux qui le dirigeaient ont barbotté dans la caisse ! Ça été 250.000 francs perdus ! Alors, vous comprenez, on se méfie maintenant... Ce syndicat-là disparu, on a voulu en faire un autre ; mais les syndiqués ne sont pas nombreux... Le siège du nouveau syndicat est à Douai. Nous faisions partie du premier syndicat : les estaminets de la marine et les fournisseurs d'articles de batellerie s'en étaient mis... C'est cinquante francs que nous avons perdus... deux années de cotisation... »

Je les quitte et me rends à l'estaminet qu'ils m'ont indiqué. Le patron aura une chambre de libre, mais seulement la semaine prochaine. C'est un fervent syndicaliste. Il déplore l'échec de l'ancien syndicat : « Il groupait 7.000 patrons de bateaux sur les 20.000 patrons bateliers du Nord et il faisait 40.000 francs de recettes par an. Mais il a été mal dirigé : on a voulu aller trop vite, faire tout à la fois ; et puis il y a eu du désordre, chacun puisait dans la caisse ; bref, on a mangé la grenouille... Aussi le nouveau syndicat n'a-t-il pas réussi à grouper 3.000 adhérents. En outre, deux ou trois autres syndicats lui font concurrence. Alors qu'est-ce que vous voulez faire ? Quand il n'y a pas d'entente, pas d'union... » Ce qui tendrait à prouver que, si l'association professionnelle exprime les besoins objectifs les plus fondamentaux des gens de métier, l'initiative individuelle, laissée à ses seules forces, reste impuissante à la réaliser. L'association ne peut produire les effets que l'on en attend qu'à la condition de grouper tous les intéressés. Laissés libres d'en faire ou de ne pas en faire partie, les uns se refusent à y entrer, les autres suscitent des associations concurrentes ; l'esprit d'intrigue, l'ambition et l'espoir même de profits illicites s'exercent à l'exploitation lucrative des tendances associatives et des bonnes volontés. La solution libérale des syndicats facultatifs apparaît, à la lumière de l'expérience, comme ne pouvant permettre d'aboutir qu'à l'impuissance et au désordre. Les associations professionnelles devraient donc être envisagées comme éléments constitutifs de l'État lui-même. Mais considérer l'État comme un groupement de corps associés et coordonnés, et non plus comme une association d'individus isolés, c'est opposer, à la conception rousseauiste dont relève l'État moderne, une conception substantiellement différente dont la réalisation constituerait une véritable Révolution. Le problème économique est donc étroitement connexe au problème politique, à ce point que la solution en apparaît dès maintenant conditionnée par la solution de ce dernier.

Quand j'aborde mon projet de voyager en péniche, mon homme redevient silencieux. Il ne sort de sa réserve que pour prononcer quelques formules évasives : « Sans doute...

peut-être bien... je demanderai... ça peut se trouver... on verra... »

Ce ne sont pourtant pas les bateaux qui manquent ! Quantité de Flamands : — *Pactole*, — *Kiou-Siou*, — *Périple*, — *Agitée*, — *Olida*, — *Briska*, — *Perle*, — *Mélodie*, — *Trirème*, — *le Rocher*, — *Yatagan* ; parfois un nom religieux : — *Dei paræ*, — *Dieu sur tout* ; ou une dénomination inspirée par l'actualité : — *Rabat*, — *Fez*, — *Hanoï*, — *Général Dodds* ; — ou le nom d'une personne aimée : — *Élie*, — *Marie* ; ou un mot qui marque, soit la cause de l'acquisition du bateau : — *Volonté*, — *Dixi*, — *Récompense*, — *Effet du travail*, — soit le sentiment que sa possession fait naître : — *l'Espoir*. — Voici des Belges : — *Tibre*, — *Sorrente*, — *Manola*, — *Au petit bonheur*, — *Cherche à vivre* ; — des bateaux de l'Oise : — *Sans bile*, — *Cataclysme*, — *Dynaste*, — *Pactole*, — un Berrichon : — *Chanceux malgré tout*.

Il est tout à fait exceptionnel d'apercevoir une *toue*, c'est-à-dire un chaland, un bateau non ponté. Ce sont presque exclusivement des péniches. La plupart appartiennent à de petits patrons. Chacun dirige généralement la sienne. Quelques-uns en possèdent deux ou trois; de petits armateurs, huit ou dix ; quelques grands affréteurs, cinquante et davantage. Les grandes Compagnies ne semblent guère représentées par ici. Le patron et sa famille vivent à bord. L'activité économique des mariniers revêt ainsi en majorité la forme de la petite propriété. Les salariés des grands ou moyens affréteurs, comme les petits propriétaires, vivent à bord en famille. La vie et le travail des mariniers apparaissent presque exclusivement sous la forme familiale : c'est l'homme, la femme et les enfants qui accomplissent les besognes nécessaires ; ils se font parfois aider par un salarié, pilote ou charretier, pour quelques heures ou quelques jours, ou même pour toute la durée du voyage.

Tous ces mariniers passent sur leur bateau la plus grande partie de leur temps. Je ne les vois descendre à terre que pour leurs affaires ou pour se distraire. Ils ne fréquentent pas les villages voisins, mais seulement les estaminets de la marine : là, je les coudoie,

mais sans jamais pouvoir entrer, même super-
ficiellement, en rapport avec eux ; un marinier ne parle qu'à un marinier ou aux débitants ou commerçants de la Marine; ceux-ci
souvent sont d'anciens mariniers ou de petits
affréteurs. Toute cette population du bassin
ne se rend aux villes voisines que pour des
achats plus importants ou pour les marchés
d'affrètement. Je ne rencontre de mariniers,
ni à Pont-à-Vendin, ni à Vendin-le-Vieil,
mais seulement sur les quais et dans les estaminets du bassin. Quatre de ces estaminets
possèdent une salle de bal où fréquentent
les jeunes gens, le dimanche.

Le marinier s'isole donc du reste des
hommes, des terriens. Non seulement il s'en
défie, mais il les méprise. En voici un
exemple. Les péniches du Nord sont dépourvues d'écurie ; quand elles ne se font
pas remorquer par la traction électrique,
comme en Artois (un petit remorqueur à
trolley court sur rails le long du canal), le
patron loue pour la journée des chevaux et
un charretier. Celui-ci n'est pas, comme dans
le Centre, un marinier chargé de conduire

l'attelage ; c'est un charretier étranger à la batellerie et qui jamais ne montera sur un bateau. Je marche à la hauteur d'une péniche qui utilise dans ces conditions la traction animale. En croisant un autre bateau, le câble de halage l'accroche légèrement. Le patron remorqué entre en colère et injurie le charretier : « Pouilleux, va !... Espèce de sans le sou !... », faisant passer dans ces mots à la fois le mépris du marinier pour le terrien et le mépris du petit propriétaire, de l'homme qui a un bateau, pour le salarié qui ne possède que son travail, conduit des chevaux et marche tout le jour.

Je passe mon dimanche aux abords du bassin où sommeillent l'Artésois *Bien-Gagné*, les Belges *Volonté de Dieu* et *Gagne-Pain*, les Flamands français *Début*, — *Saint-Pierre*, — *Confiance en Dieu*, — *Dieu pour tous*, — *Providence*, — *N.-D. de Liesse*, — *Dieu de don*, — *Vonlonté[1] de Dieu don*, et combien d'autres dont les dénominations banales ne méritent pas d'être retenues.

1. *Sic.*

Les mariniers ont mis un maillot de laine neuf ou renouvelé leur chemise bleue à pois blancs ou fleurettes blanches, arboré leur plus belle casquette de drap bleue à visière vernie, revêtu un complet de drap bleu ou noir, et remplacé, par des chaussures de cuir, leurs grossières galoches ou leurs pantoufles de tapisserie à damier minuscule.

Ils ont consacré la matinée à des travaux de propreté ; l'après-midi et à la nuit, ils se répandent dans les estaminets et fréquentent les bals. Les cabaretiers se plaignent qu'ils ne viennent qu'en petit nombre, ces années-ci : « Le syndicat, m'expliquent-ils, avait fait monter le fret à 7 et 8 francs ; depuis sa débâcle, le fret est redescendu à 4 francs et 5 francs ; les bateliers ont peu d'argent ; ils s'abstiennent de toute dépense. » J'en rencontre néanmoins quelques-uns qui font une partie de billard, d'autres qui vident une chope de bière. Tous, à l'exception d'un très petit nombre de Belges, sont de la Flandre française et de l'Artois. Ils ont soigné leur tenue, de leur mieux. Une grande jeune fille au teint brûlé vient prendre une consommation avec son père, sa mère et son jeune frère : elle a frisé au petit fer ses cheveux blond filasse. Dans les salles de bal sévit le piano mécanique, mais les danseuses sont extrêmement rares ; je n'y vois même, à mainte reprise, que la fille du propriétaire de la salle. Les jeunes gens et les hommes dansent entre eux, tournent à la plus grande vitesse possible, jusqu'à parfois perdre l'équilibre et rouler à terre ; ou bien ils font cavalier seul, sautant lourdement, s'étudiant à prendre des poses prétentieuses ou pivotant à la façon d'une toupie. Leurs allures sont massives, raides, pesantes, maladroites, brutales. Ils se heurtent avec violence, culbutent et risquent de briser dans un choc les pièces du mobilier que l'on a eu l'imprudence d'oublier là. Des reîtres ! On ne saurait imaginer l'excès du contraste de leurs danses grossières et disgracieuses avec l'incomparable élégance, la souplesse, la grâce qu'y déploient les marins de Provence.

A l'approche de la nuit, seul dans le coin d'une de ces salles qui venait de se vider de sa bruyante clientèle, je me hâtais de griffonner quelques notes. Après un peu de temps, mon attention est éveillée par des mots jetés à très haute voix, intentionnellement : « ... Mais oui, la Sûreté passe tous les jours... Rien de nouveau ? qu'elle fait, hein ?... Oui... ça sent la Sûreté par ici... » Deux trimardeurs, qui travaillent à la réfection des quais du canal, non loin d'ici, se sont installés depuis quelques minutes dans le coin opposé à celui que j'occupe, et ce sont eux qui parlent ainsi en m'épiant du coin de l'œil. Un ouvrier qui écrit !... étranger au pays... ni marinier, ni terrassier... bien suspect... un de la rousse !...

Mais c'est l'heure du « souper » [1]. Ils prennent pension ici même. J'avais averti le patron que je souperais chez lui. Il a disposé sur une table trois couverts et nous prie de prendre place. Je m'assieds entre les deux hommes qui, tout en causant, me sondent de leur mieux, s'informant de quel pays je viens, du métier que j'exerce, du travail que

1. Dans le Nord de la France, toutes les classes de la société appellent dîner le repas de midi, et souper le repas du soir. Dans le Centre, ces façons de parler sont propres à la classe rurale.

j'ai trouvé dans la région, de mes projets : toutes choses dont ils n'ignoraient rien ; pendant que j'écrivais, ils s'étaient enquis à mi-voix auprès du patron de l'estaminet, que j'avais dû renseigner précédemment pour lui demander de me trouver passage sur un bateau. Mes deux voisins de table portent trente et quarante ans environ. C'est le plus âgé qui conduit la conversation et l'enquête. « Eh bien ! tenez ! fait-il comme s'il était convaincu de la sincérité de mes réponses ; justement un bateau du Centre est passé cet après-midi ; il descend sur Paris ; il est très chargé et ne va pas vite. Partez demain matin de bonne heure, suivez le canal, vous le rattraperez sûrement. Peut-être qu'il vous acceptera ! Vous êtes bien mis... » (relative-ment à un trimardeur, mais mal mis par rap-port à un mineur ou un marinier endimanché) « ... ça vous donne plus de chance de succès. »

Nous avons fini de manger la soupe et le bœuf. Je lui offre une chope. Il accepte. Son copain ayant disparu, nous nous asseyons dans un coin de la salle. « ... Je serais heu-reux si vous réussissiez. Il faut s'aider ! J'ai voyagé, moi aussi, j'ai travaillé à Paris et dans les environs. J'ai connu la débine, moi aussi ! J'ai plus d'une fois couché dehors, allez ! sur les routes... même l'hiver par la neige... Aujourd'hui encore, j'ai des dettes que je n'arrive pas à payer... Et pourquoi ? Pour des bêtises... parce que j'ai fait la noce, quoi !... Mais partez demain, de bonne heure. Ce bateau... » Et il recommence longuement, indéfiniment, sans arrêt, à me répéter les mêmes explications...

Il cherche visiblement à me retenir. Il sait que je dois aller jusqu'à Pont-à Vendin pour regagner mon auberge. Il n'est pas loin de dix heures... Je finis par me lever et prendre congé de lui. Mais, d'un mouvement vif, il s'est mis à mon côté : « Je vais vous conduire un bout de chemin », fait-il, d'un ton ferme. Il est déjà dehors, avec moi. Et son compagnon, qui certainement guettait cet instant-là, surgissant de l'ombre, se retrouve soudain près de nous, sur le quai désert.

Personne dans le voisinage J'ai près d'un kilomètre à parcourir le long du canal. Le chemin de halage est sur l'autre bord ; par ici, c'est l'encombrement des marchandises débarquées, des bois destinés aux galeries des mines voisines et qui font de grands tas perdus dans l'ombre. La nuit est épaisse : sauf au voisinage des fours à coke, distants de quelques centaines de mètres, et dont le reflet rougeâtre colore au loin les ténèbres, c'est partout une obscurité lourde qui s'appesantit sur le canal et sur ses bords. En face, de l'autre côté de l'eau, quelques cafés jettent dans la nuit leur clarté trouble et le piano d'un bal se fait entendre…

« Je vous laisse, dis-je, je traverse dans le bachot… — Du tout ! du tout ! s'écrie l'homme avec vivacité, votre chemin pour regagner votre auberge, c'est par ici ! » Et il le répète avec une insistance quelque peu impérieuse. Je réplique que je le sais, mais qu'avant de rentrer je veux faire un tour sur l'autre rive. « Ah ! » laisse échapper le trimardeur avec un accent qui trahit le désappointement. Je m'éloigne vivement : à quelques pas, dans la lumière versée par la porte de l'estaminet, le passeur m'a aperçu et me fait signe…

Sur l'autre berge, je me hâte de disparaître

dans la nuit et de gagner à toute vitesse le village.

Je ne puis rien affirmer. Mais ces deux hommes ont manœuvré de façon plus que suspecte. Ils ont visiblement tenté de m'imposer leur escorte dans des parages obscurs et déserts, sur le bord même de l'eau. Ils m'ont pris d'abord pour un mouchard, puis sans doute pour un ouvrier muni de papiers et de quelque argent qui seraient de bonne prise et de prise facile. On comprend donc que cette population de trimardeurs, débardeurs et terrassiers inspire aux mariniers, qui les rencontrent habituellement dans leur voisinage immédiat, la plus vive défiance et la crainte : il s'y mêle souvent des malfaiteurs qui n'hésitent pas à attaquer un marinier ivre ou attardé et à voler à bord de péniches mal gardées.

Le lendemain matin, de bonne heure, je pars à la recherche du bateau signalé la veille, — certain que la demande d'un inconnu ne sera pas agréée, mais désireux de noter les formes du refus.

Un peu au delà de Pont-à-Vendin, j'aper-
çois sur l'autre rive mes compagnons de
dimanche soir : ils font partie d'une équipe
de sept hommes qui halent à la corde une
péniche. Au bout de deux heures de marche
assez rapide le long du canal, je rattrape « le
Berrichon », comme disent volontiers, de tous
les bateaux du Centre indistinctement, les
gens du Nord. Des véritables bateaux du
Berry, aux dimensions si réduites, ils disent,
avec une nuance de sympathie dédaigneuse
et amusée, « les petits Berrichons ».

... C'est une grande péniche : elle s'avance
lentement entre les rives désertes. L'homme
et la femme se tiennent près du gouvernail.
« Excusez-moi ! je dois descendre sur Paris
pour gagner le Centre ; j'ai travaillé aux
mines de Lens et je me rends aux mines de
la Loire... sans être autrement pressé...
Voulez-vous me prendre avec vous ? Je vous
paierai pension à l'avance et vous donnerai
un coup de main. . » L'homme ne m'a pas
laissé achever : tournant les talons, il s'est
éloigné jusqu'à l'avant du bateau. La femme
me répond très poliment : « Je ne vois pas

l'avantage que vous trouvez à ne pas prendre le chemin de fer... » Puis, avec la finesse naturelle à son sexe, elle colore d'une raison son refus : « ... La difficulté serait de vous loger... Nous ne le pourrions pas .. Les enfants occupent avec nous la cabine du milieu et le charretier la cabine de l'arrière... S'il n'y avait pas les enfants, on pourrait s'arranger... Mais, avec eux, vous voyez que ça n'est pas possible... » C'était, au contraire, très possible, s'il lui avait plu, la cabine d'arrière étant assez grande pour loger plusieurs personnes. Mais il était inutile d'insister. Le refus et sa modalité valaient d'être connus : l'homme m'a répondu par un silence mécontent et une attitude impolie ; la femme a résolu la difficulté poliment et avec adresse.

... Le jour suivant, la pluie tombe sans arrêt jusque vers le milieu de l'après-midi. Je rencontre, à ce moment-là, sur le quai. le terrassier de dimanche soir, des bouteilles vides sous le bras : « Avec ce sale temps, explique-t-il, on n'a pas pu travailler aujourd'hui : six francs de perdus. Avec ça, une cuite : cinq francs de boisson. Voilà le bénéfice de la journée... » Onze francs : cela explique qu'il « ait des dettes et n'arrive pas à les payer », comme il me le confiait avant-hier.

Je me hasarde à faire quelques tentatives auprès de mariniers dont les bateaux sont à l'amarre, attendant leur tour de charger.

« Ah ! me répond, d'un air bienveillant et prudent, l'un des patrons; c'est que ça ne s'est jamais fait !... Savez-vous nager ?... à cause des accidents... Si seulement vous étiez du métier... ou si vous pouviez vous occuper des chevaux [1]. Tenez ! voyez donc les deux bateaux, là-bas; ils sont chargés et vont partir pour Paris. »

Je m'y rends. Le patron n'est pas là. A ma demande, la femme sourit en secouant la tête : « Non. Cela ne conviendra pas à mon mari... Voyez-vous, nous sommes en famille... Et puis, nous avons tout le personnel qu'il nous faut... »

Je m'adresse à un bateau voisin. « ... Non, nous n'avons besoin de personne... »

---

1. Un autre batelier m'a tenu le même langage.

Plus loin, j'avise un patron batelier : « Connaîtriez-vous un bateau prêt à partir pour Paris et qui me prendrait comme passager payant ? — Ah ! il peut bien y en avoir, dans le tas !... Demandez donc cela à Thomas qui tient un estaminet : il connaît beaucoup de monde... »

Les pourparlers, à l'estaminet, ont traîné pendant plusieurs jours pour aboutir à un résultat négatif. Lorsque j'y vais pour la première fois, je ne trouve que sa femme : Thomas est absent pour toute la journée, appelé par ses affaires à un marché d'affrètement. Elle m'assure qu'elle l'entretiendra de mon projet le soir même et que, s'absentant le lendemain, il pourra, le surlendemain, me donner une réponse. Mais, le surlendemain matin, le patron m'avoue n'avoir pas été mis au courant de mes désirs. Il accueille mes explications sans manifester d'étonnement ni formuler d'objections et me promet d'en parler à divers bateliers qu'il connaît ; il me donnera réponse le soir même. Mais, le soir, il est sorti, et sa fille m'invite à revenir le lendemain soir. En m'en allant, je rencontre, pour la troisième fois depuis notre première conversation, le marinier qui m'a adressé à l'estaminet : chaque fois que je le croise, il feint de ne pas me voir ; alors je lui adresse quelques mots au sujet des démarches que je fais et qu'il a provoquées ; il écoute, émet quelques vagues paroles ou sons inarticulés et poursuit sa route. Manifestement il ne tient pas à ma société. Il est marinier et je ne le suis pas. Le quatrième jour, je reviens fidèlement à l'estaminet : pas plus que la veille, Thomas n'est là ; il est venu, est reparti et n'a laissé aucun renseignement pour moi. Sa fillette me dit : « C'est rare qu'on trouve... » Le cinquième jour, rien encore. Persévérer eût été d'une vertu très vaine.

Je me présente chez un affréteur, muni d'un mot de recommandation : on me donne comme un ouvrier de confiance, que l'on estime et que l'on désire aider. Prudent, l'affréteur me répond : « Si vous vous arrangez avec mes mariniers, je n'y vois aucun inconvénient ; mais je ne puis intervenir ; c'est leur affaire... » Il m'indique deux

de ses bateaux qui sont chargés et sur le
point de partir. Je les trouve sans peine. Les
commis [1] m'accueillent fort poliment, mais
m'opposent un refus : ils invoquent pour
prétexte l'impossibilité de me loger. Ils me
conseillent de m'adresser à un « Berrichon »
(en réalité, une péniche du Bourbonnais), qui
est en chargement et ne tardera pas à redes-
cendre sur Paris.

Seule, la femme est à bord. « Ah ! s'exclame-t-elle joyeusement, vous avez travaillé
à Roanne ! Vous êtes de par là ? Comme je
comprends que vous ne puissiez vous habi-
tuer à ce pays-ci ! On n'entend rien à leur
langage !... Et par Dunkerque, c'est bien pis !...
A Roubaix également, ils parlent plus mal
qu'ici... Et quelle débauche ! on a peur d'y
aller... Et puis, on ne trouve pas à acheter
de la nourriture comme par chez nous, des
lapins, de la volaille... Et puis... les gens du
Nord... » Elle fait une grimace et ne précise
pas davantage sa pensée. Mais elle s'écrie
aussitôt avec un accent de contentement :

1. Quand le patron du bateau n'en est pas propriétaire, on
l'appelle *contremaître* ou *commis*.

« Ah ! on voit bien que vous êtes de par chez nous ! vous parlez comme nous !... » Elle dit que le métier de marinier offre bien des désagréments : « On souffre de la pluie, de la chaleur, du froid... Mais, ajoute-t-elle, on est son maître !... » Elle ne demande pas mieux que de me rapatrier. « Toutefois » — réserve bien naturelle — « ça dépend de mon mari. » Elle m'explique qu'ils n'ont avec eux qu'un étranger à leur famille, le charretier. L'attelage, suivant l'usage du Centre, est à bord ; mais ils ne peuvent en user dans le Nord, les règlements les obligeant alors à recourir à la traction électrique ou aux entreprises locales de traction animale.

Un de ses enfants, un garçon de onze ans, s'approche de nous et répète en riant un jeu de mots obscène que vient de lui apprendre un camarade de son âge. Sa mère le reprend vivement pendant que nous voyons son compagnon colporter cette saleté de bateau en bateau, l'adresser indistinctement aux enfants et aux femmes qui rient en lui faisant de gros yeux. La Bourbonnaise hausse les épaules : « Quel ennui d'être obligé de

laisser les enfants courir ! Mais que faire ?...
Ils auraient également grand besoin d'apprendre à lire. Pour la plupart, nous ne savons pas lire et nous signons des contrats sans connaître ce qu'ils contiennent... Mais, où leur faire apprendre à lire ?... Nous sommes quelques jours là, puis en route. Il faudrait les mettre en pension, et ça coûte trop cher pour nous, nous sommes obligés de regarder à la dépense... Et puis, même quand on sait lire, il y a tant de choses dans ces contrats qu'on ignore souvent à quoi l'on s'engage ; il arrive que, par la suite, on regrette d'avoir signé... »

C'est là une des grandes plaies du métier. Plus d'un affréteur sans scrupule profite de ce que le marinier ne sait pas lire ou ne peut pas comprendre ce qui lui est lu, pour lui faire signer un contrat où sont introduites des clauses si désavantageuses que le marinier ne les aurait jamais acceptées s'il les avait connues ou avait pu en déterminer la portée. Grâce à la réunion des mariniers en association professionnelle, tous les contrats pourraient être soumis, avant l'échange des signatures, à l'examen du conseil juridique du syndicat. Les mariniers associés ne seraient plus victimes des manœuvres frauduleuses que leur isolement, leur ignorance, et leur inexpérience juridique rendent faciles.

La Bourbonnaise charge le garçonnet de me conduire à son mari qui travaille en ce moment sur un autre quai. Tout en marchant, l'enfant me demande si je sais lire : « Moi pas ! » ajoute-t-il avec une parfaite indifférence. Il passe ses journées à vagabonder sur les quais entre les piles du bois apporté par les bateaux pour le boisage des mines. Des bateaux restent huit et quinze jours à attendre leur tour de charger du charbon. Le personnel, désœuvré, erre à droite et à gauche. Les enfants de dix à quatorze ans, mêlés aux jeunes gens de quinze à vingt ans, flânent, bavardent, oisifs, et, abandonnés à eux-mêmes, descendent tout naturellement les pentes de leur nature. Tout ce monde de la batellerie, rigoureusement fermé aux gens du dehors, se développe ainsi, étranger presque complètement à toute culture intellectuelle et morale. Ses préservatifs découlent exclusivement de ses habitudes professionnelles : isolantes, elles le gardent des contaminations extérieures ; familiales, elles lui imposent la discipline correspondante. A elles seules, les conditions objectives de l'exercice du métier lui fournissent d'utiles correctifs et une force éducatrice : la nécessité d'un certain travail, de la prévision et de l'économie, une responsabilité réelle, une autonomie individuelle limitée, mais fortifiée, par la permanence de la vie familiale et la cohésion de fait du groupe professionnel. Mais on conviendra que, pour être réellement agissantes, ces conditions favorables n'en comportent pas moins d'énormes lacunes par où s'expliquent tous les défauts du marinier, ses infériorités et jusqu'à sa pauvreté matérielle : ignorants, ils sont exploités ; isolés, ils se corrompent. Leurs qualités personnelles et proportionnelles ne portent pas leurs fruits parce que la profession n'est pas organisée et que ceux qui l'exercent ne reçoivent pas la culture nécessaire.

A peine ces réflexions ont-elles rapidement traversé mon esprit que nous nous trouvons

en présence du patron de la péniche bourbonnaise : un petit, à l'air rusé et sournois.
Il me laisse à peine le temps de m'expliquer :
« C'est entendu, fait-il. Vous viendrez avec
nous. Pour le prix de la nourriture, on s'ar-
rangera toujours. Et puis, si vous nous aidez,
vous la gagnerez, votre nourriture... » Et,
faisant demi-tour, il s'éloigne... C'est drôle,
comme ça marche bien... ça marche trop
bien... Son charretier, tout près, me regardait
plutôt de travers... Un autre marinier nous
écoutait, me fixant d'un air un peu narquois...

La femme me rejoint... Elle n'a plus sa
physionomie ouverte et joyeuse de tout à
l'heure. Elle me dit, sur un ton aimable, mais
où l'on devine des réticences : « ...Revenez
demain... nous verrons... Nous déciderons
demain... » Quelque commère ou marinier
des bateaux voisins lui aura fait le mot.
Depuis tant de jours que je cherche autour
du bassin, ne recevant que des refus, tout le
monde connaît mes projets et sans doute on
ne se dérobe pas sans un motif précis que je
ne saisis pas encore nettement. Le garçonnet,
survenant : « Maman, le charretier demande

pourquoi nous prenons cet homme avec nous ? — Parce que ça nous plaît, réplique-t-elle, et ça ne le regarde pas. »

Le charretier me soupçonne peut-être de chercher à lui souffler sa place. Qu'il craigne d'être remplacé en cours de route, et il va certainement menacer ses patrons de les quitter tout de suite s'ils me prennent à bord. Cette mise en demeure constitue son unique moyen de défense contre l'intrus qu'il suppose susceptible de lui enlever son gagne-pain. Mais il reste acquis que la femme semblait avoir déjà changé d'avis avant de connaître cette menace : d'autres influences ont dû agir sur elle...

En effet, le lendemain, j'enregistre un nouvel échec. « On regrette beaucoup, me dit la patronne en enveloppant le refus des explications qu'elle juge les plus convaincantes, mais ça n'est plus possible... voyez-vous... parce que... » (elle baisse la voix comme pour me faire une confidence) « mon mari vient de partir pour Douai pour ses affaires, je l'y rejoindrai dans quelques jours quand le bateau sera chargé, et alors... vous comprenez... je

ne peux pas vous garder comme pensionnaire:
mon mari est jaloux !... — Ah ! s'écrie une
autre femme de marinier qui, tout comme
celle-ci, avait largement dépassé l'âge cano-
nique,... ces hommes ! ils sont tous comme
ça ! et ils le deviennent davantage en vieillis-
sant ! — Oh ! le mien, réplique avec bienveillance l'ingénieuse Bourbonnaise,...il l'était
plutôt davantage quand il était jeune. Mais il
l'est encore bien !... » Et elle ajoute, pour se
débarrasser de moi complètement et me quitter
sur une preuve de bonne volonté : « Allez
donc voir sur l'autre quai. Il y a un Berrichon
chargé qui va partir demain. L'homme est
seul avec sa femme. Ils ont une chambre de
libre. Ça m'étonnerait si vous ne faisiez pas
affaire avec eux... »

Lesté de ces encourageantes paroles, je me
hâte vers le « Berrichon » indiqué, qui est
une péniche de la Brie. Mais le patron ne me
laisse pas aller jusqu'au bout de mes explications. Il paraît au courant de mes diverses
tentatives et, dès les premiers mots, se hâte
de m'assurer que la chose est impossible
parce qu'il « ne peut me loger ». Il me con-

seille de m'adresser à un autre bateau briard qu'il me désigne : « Le patron est seul. Vous avez chance de vous entendre avec lui. »

Je parviens à le joindre, le lendemain seulement. Il me semble, lui aussi, connaître mes projets. Il m'interrompt dès mon entrée en matière : « Je ne puis vous prendre avec moi, rapport à la nourriture. Je suis seul, je mange comme ça se trouve : de la viande s'il y en a à acheter, et c'est moi qui la fais rapidement cuire ; du fromage et du pain si je n'ai rien de plus ; quand j'ai *ch'li*, je mange *ch'li*... Ah! il y aurait une femme pour nous faire à manger, ça irait tout seul ! Pour le couchage, il y a ce qu'il faut, là, dans l'écurie qui est vide : un bon lit inoccupé, avec son sommier, matelas, draps et tout... Mais c'est pour la nourriture !... S'il y avait une femme... »

Les autres disaient : impossible, parce que nous sommes en famille, il y a une femme ! voyez donc un homme seul ! Et celui-ci, qui est seul, s'écrie : impossible, parce que je suis seul ! s'il y avait une femme !

La preuve en est surabondamment faite : on m'écarte par système et sous n'importe quel prétexte, Ce patron briard aurait dû être satisfait de trouver un compagnon qui paierait son passage et sa nourriture tout en l'aidant à faire la cuisine et à conduire le bateau. Il n'en est rien : il se préoccupe par-dessus tout de ne pas associer à son travail et à sa vie un homme étranger à la batellerie.

Je me rends néanmoins, muni d'une lettre de recommandation, chez un affréteur, à une dizaine de kilomètres de Vendin. « C'est très facile, me dit-il. J'ai justement là un bateau que l'on achève de remettre en état. Il sera en mesure de partir à la fin de la semaine. »

Il m'y conduit, appelle la femme de son « contremaître » et lui demande s'il lui convient de me prendre comme pensionnaire jusqu'à Paris. Elle accepte aussitôt, avec empressement, semble-t-il. Je paierai 3 fr. 50 par jour, « le prix que paie le pilote… » Elle me donnera la plus belle cabine, la cabine du milieu. Je pourrai même y apporter du mobilier si j'en ai à transporter ! Son mari n'est pas là en ce moment, mais elle est certaine de son assentiment. Ils sont Flamands français.

L'homme, aidé de son fils, conduit la péni-che. Je m'installerai à bord la veille du départ. Quand part-on ? L'affréteur, me dit la Flamande, dans son jargon, « t'écrira quand on partira, et vous n'aurez qu'à venir avec vos affaires, tu coucheras dans cette chambre-là ».

On le voit, c'est extrêmement simple. Comment ai-je pu jusqu'à ce jour essuyer autant de refus ! A l'estaminet voisin où je déjeune, deux consommateurs parlent des ouvriers d'une usine peu éloignée : « Ce qu'ils en boivent, du genièvre ! et du trois-six ! J'en connais un qui s'enfile, chaque jour, un litre de trois-six pur ! .. Lundi, je l'ai trouvé dans un fossé, mort. Il pleuvait à verse. Je le réveille : il m'eng... ! »

Je reviens par le chemin de halage, tout content de l'heureux résultat de ma démarche. En un certain endroit, le canal était encombré de bateaux en stationnement et de bateaux en circulation. Comme il est fréquent et fréquemment inévitable, deux de ceux-ci se heurtent légèrement en se croisant. Les mariniers échangent aussitôt des injures : « Dégourdi ! Empaillé ! » crie l'un. Et l'autre :

« Va donc apprendre à jouer du piano !...Tu ferais mieux d'aller charger du bois à cinquante-cinq sous !» Et cela continue tant que leurs voix peuvent porter. Durant que leurs bateaux s'éloignent lentement, ils crient tant qu'ils peuvent, l'essentiel étant de ne pas rester court ; se taire équivaut à s'avouer vaincu et il convient de sauver l'honneur devant tous les témoins ; au bruit de l'altercation, le pont des péniches voisines avait aussitôt cessé d'être désert.

Trois jours plus tard, je retourne chez l'affréteur. Il est absent. Je me rends au bateau. La femme s'y trouve seule. Elle ne répond pas à mon « bonjour »... « Quand partirons-nous ? » Silence. Je répète ma question. « Sais pas ! » fait-elle, maussade, et elle me tourne le dos.

Le soir même, la péniche quittait le chantier pour le bassin de chargement. Je ne l'apprends que le surlendemain, lorsque je reviens aux informations. Je me hâte au bassin. Dès qu'elle m'aperçoit, la femme me crie, d'un ton tranchant : « Inutile de venir ! Je ne peux pas vous prendre !... » L'air humble, qu'elle avait pris à la première entrevue à laquelle assistait l'affréteur, et l'attitude froide, qu'elle avait gardée lors de la seconde entrevue où j'étais seul, mais près du bureau du propriétaire,ont fait place à un visage franchement hostile ; le ton est insolent, agressif même : « ...Impossible ! Mon mari ne veut pas ! — Comment cela ? Vous m'avez donné votre parole ! — Ça se peut. Mais je ne suis pas seule, je suis mariée et mon mari ne veut pas. — S'il ne veut pas, ce n'est pas d'aujourd'hui. Voilà cinq jours que vous avez accepté ; je vous ai revue avant-hier et vous ne m'avez pas dit que votre mari refusait. Vous deviez le savoir et vous devez comprendre qu'en me faisant perdre du temps pour rien, vous m'avez fait tort. — Ah ! ben ! c'est possible. Mais mon mari ne veut prendre personne ! On est en famille ! Et d'abord, c'est pas jusqu'à Paris que l'on va ! — Eh bien ! là où vous vous arrêterez, je prendrai le train. — Prenez-le donc tout de suite ! vous serez plus vite rendu ! » Et, pour couper court à la discussion, elle disparaît dans l'intérieur de sa péniche.

Le premier jour, elle avait accepté, n'osant refuser à l'affréteur. Le troisième, elle n'avait plus dit — oui — mais n'avait pas encore dit — non — n'ayant pas quitté le voisinage immédiat de celui dont son mari dépend. Maintenant qu'ils sont à un kilomètre de distance, elle me signifie leur commune volonté. Les mariniers n'acceptent de vivre qu'avec les mariniers. Ces Flamands pouvaient gagner au moins deux francs par jour sur le prix de ma pension ; cet avantage pécuniaire leur était d'autant plus sensible qu'ils venaient de passer en chantier de longues semaines pendant lesquelles le contremaître n'était plus payé que quatre francs par jour. Ils aiment mieux renoncer à ce gain plutôt que d'accepter avec eux un étranger à la batellerie. Il n'est certainement pas de corps de métier plus fermé que celui des mariniers.

Un de mes amis, ayant tenté une démarche en ma faveur auprès de deux affréteurs de Douai, en a reçu la même réponse : « C'est impossible. Les mariniers ne prennent à bord que des mariniers. » Ils ont ajouté que, cependant, je pourrais peut-être me faire accepter comme charretier, par un « Berrichon ». En effet, à deux reprises au cours de mes recherches, des patrons bateliers m'en ont parlé. Mais je n'aurais pas su soigner et conduire leur attelage.

Je raconte mes échecs successifs à une personne que ses occupations mettent en rapport constant avec les mariniers. Sa conviction est que leurs refus systématiques tiennent surtout à ce qu'ils me prennent pour une « casserole » ; je leur serais complètement suspect, non seulement à Vendin où ils se sont communiqués cette impression de l'un à l'autre dans tout le bassin, mais bien au delà ; ils ont en effet l'occasion de se voir, plusieurs fois par semaine, aux divers marchés d'affrètement de Douai, Béthune et Valenciennes, où ils se transmettent toutes les petites nouvelles et tous les « potins ». Je lui demande : « Casserole au bénéfice de qui ? — De n'importe qui ! de l'administration d'État, d'un affréteur, d'une Compagnie de navigation, d'un syndicat s'ils ne sont pas syndiqués et, s'ils sont syndiqués, d'un syndicat autre que celui auquel ils appartiennent... Le marinier est défiant à l'excès, très ignorant, peu intelligent et fort orgueilleux : il méprise celui qui n'a rien ou le simple ouvrier ; il se considère comme quelqu'un et un peu comme un monsieur. Avec cela, fort en gueule et chapardeur, car, pour lui, chaparder n'est pas voler... »

Ce jugement résumait une expérience de vingt années : vingt ans de contact direct et continuel avec les mariniers. Or, j'avais relevé chez les mariniers du Centre, en vivant dix-huit jours avec trois d'entre eux, tous ces traits de leur caractère. Ce résultat accuse nettement la valeur de la méthode concrète. Son emploi me permet même de rectifier l'opinion que je rapporte, en ce qui concerne le peu d'intelligence qu'on leur attribue. Ceux que j'ai connus m'ont, au contraire, paru doués de beaucoup d'intelligence et de finesse. Mais rien ne ressemble plus à l'inintelligence qu'une intelligence inculte. En les qualifiant de gens « peu intelligents », il faut préciser : cette infériorité ne provient pas d'une sottise native, mais du défaut de culture et de l'isolement professionnel, c'est-à-dire d'un rétrécissement

du champ de l'intelligence dû aux conditions objectives actuelles du métier [1].

1. Mon auberge de Vendin présentait la caractéristique de
toutes les auberges ou estaminets de la région: on ne sait
pas faire la cuisine, on n'aime pas en faire et on n'en fait
pas. Beaucoup d'estaminets portent sur leur enseigne l'indication: « Restaurant. » Vous entrez: on vous répond que l'on
ne sert pas à manger. Dans les auberges où l'on donne à
manger, le client de passage ou le pensionnaire ne trouve
jamais qu'une nourriture improvisée au dernier moment, une
grillade quelconque faite à la poêle, rapidement, et qualifiée
de « bifteck »; avec cela, des « frites ». A midi, on sert toujours une soupe au bouillon gras, mais que l'on assure être
« maigre puisqu'elle a été dégraissée ». Ma logeuse me donnait habituellement, le soir, une salade et, soit de la viande
froide, soit du jambon, soit des sardines à l'huile. Elle me
montra, un jour, un gros jambon de campagne qu'elle venait
d'acheter: « Comme c'est commode! me dit-elle. Quelqu'un
arrive: du jambon et une salade, ça fait son souper! »
Au moment de monter dans le train, je remarque, sur le
mur de la gare de Vendin, cette inscription tracée à la pointe
d'un couteau:

République de financiers et de voleurs!

Une autre main a ajouté:

et d'imbéciles!

Vendin est exclusivement ouvrier: ouvriers des champs,
des mines, des fours à coke, mariniers. Plus anciennement,
on n'eût jamais lu cela; à tout le moins, la formule aurait
été rayée. Il y a quelque chose de changé dans le sentiment
populaire.

CONCLUSION

———

Les mariniers du Nord, plus encore que ceux du Centre, se montrent hostiles aux étrangers à la batellerie. Cette exagération. d'un trait de caractère professionnel tient à la nature peu accueillante des populations des provinces du Nord.

Ces dispositions d'esprit s'ajoutent aux conditions objectives de la profession pour faire de la batellerie, psychologiquement et matériellement, un corps extrêmement fermé. Qui n'est pas marinier est et restera toujours un étranger. Les mariniers se tiennent essentiellement en garde contre les choses et les gens du dehors. Cet état d'esprit, qui existe à des degrés variés dans les différentes professions, atteint certainement ici son maximum. Il est partout imposé, dans des pro-

portions variables, par la réalité profession -
nelle elle-même et il l'exprime. L'esprit de
corps est un phénomène général en relation
objective avec les conditions concrètes d'existence et de vie du « corps » lui-même. Le
nier n'équivaut pas à le détruire, le combattre
aboutit à entraver le bon fonctionnement du
« corps » et à l'empêcher de fournir son ren-
dement utile : vain effort dans un cas et, dans
l'autre, effort nuisible. Si l'état de fait se
transformait en situation de droit, les
inconvénients que le premier peut offrir, ou
disparaîtraient, ou se compenseraient par des
avantages qui font actuellement défaut.

Tous ces mariniers, propriétaires ou salariés, jouissent d'une grande indépendance
individuelle. Chacun est son maître et doit ce
privilège tant aux conditions d'exercice de sa
profession qu'aux garanties offertes par la
vie familiale que la profession facilite et souvent même exige.

Mais les mariniers sont des isolés. Leur
profession les retranche du reste de la
société et ainsi, dans une certaine mesure,
les en préserve. L'exploitation d'un bateau

par le groupe familial, étant plus économique,
postule ce groupe, lui donne la cohésion et
assure sa permanence. Le marinier doit ses
qualités morales à cette vie de famille tout
comme à la prévision et à l'économie exigées
par la pratique du métier. Mais on comprend,
à l'inverse, que l'absence de toute culture
morale et intellectuelle le laisse désarmé vis-
à-vis de lui-même, vis-à-vis des gens de la
profession et vis-à-vis du reste de la société.
Ne sachant pas lire et personne ne lui expli-
quant le sens et la portée des clauses de son
contrat, il souscrit à des engagements léonins.
Nous trouvons la solution de ces difficultés
dans l'association professionnelle et une culture appropriée, que d'ailleurs l'association
pourrait fournir. Isolés et incultes, les mariniers croupissent dans l'ignorance et la
superstition, se corrompent, sont exploités
par des parasites ou de malhonnêtes gens.
Leur décadence frappe l'observateur : elle ne
peut que s'accentuer. Leur vie reste précaire :
elle risque de le devenir davantage. Leur
existence retranchée et nomade, si elle constitue une difficulté, trace du moins la direction qui conduit aux solutions pratiques : les
mariniers devraient posséder dans tous les

ports, sur le quai même, leurs institutions particulières, — siège corporatif, paroisse, école, hôpital ou poste médical[1].

La batellerie, du moins dans la région du Nord, compte diverses organisations syndicales ; l'esprit d'association et l'habitude de s'associer ont été de tout temps et sont actuellement encore très développés dans le Nord de la France, surtout en Flandre. Mais les syndicats, surtout libres, ne parviennent pas à grouper tous les intéressés ; d'où, faiblesse et même impuissance. Leur multiplicité engendre entre eux des rivalités qui ne sont

---

1. Il existe, dans quelques villes, de modestes œuvres religieuses destinées aux mariniers : centres spirituels (par exemple, la paroisse de l'Ile Saint-Denis, V. Talmeyr) ; humbles écoles catéchistiques (par exemple, les Sœurs de Cluny, à l'Ile Saint-Denis, *id.*) ; assistance pour les formalités matrimoniales (par exemple, à Douai), etc. Elles sont malheureusement à l'état embryonnaire et généralement éloignées des bassins. L'abbé Platau (*Œuvres des mariniers, Siège à Sauchy-Cauchies, Pas-de-Calais*) a pris l'intelligente initiative de parcourir les canaux sur une péniche ; il souhaiterait organiser la paroisse et l'école *flottantes*, c'est-à-dire adaptées aux exigences spéciales de la batellerie ; il consacre à cette heureuse idée son activité itinérante. Malheureusement, toutes ces tentatives, dues à des dévouements ingénieux et patients autant qu'obscurs, restent partielles, sporadiques et dépourvues tout à la fois des ressources matérielles nécessaires et d'un organe supérieur de coordination qui assurerait une unité de direction indispensable.

pas moins nuisibles. Enfin, dans notre régime politique, leur direction reste toujours accessible aux plus fâcheuses influences extérieures : les ambitions et intrigues politiques s'en emparent sans peine et l'exploitent ; même si elle leur échappe, l'association s'abandonne à la croyance naïve, illusoire et néfaste, en l'efficacité de l'intervention parlementaire. Le syndicat devrait être obligatoire et rigoureusement professionnel, conditions incompatibles avec notre constitution politique.

Le particularisme et la spécialisation extrêmes des mariniers, leur existence « à part » montrent, dans un grossissement utile, le caractère, exorbitant jusqu'à l'absurde, que présenterait une intervention du Parlement dans le règlement de leurs intérêts. Là plus qu'ailleurs peut-être, l'irruption du Corps législatif dans l'organisme naturel, que la batellerie constitue, ferait figure de ces corps étrangers qui pénètrent par effraction dans l'organisme humain et qu'il en faut chirurgicalement extraire. L'action parlementaire serait nécessairement perturbatrice. La première préoccupation de l'organisation de la vie professionnelle doit être d'en expulser rigoureusement les frelons des assemblées politiques. Le Corps des Mariniers constitue le Corps législatif naturel de la Batellerie.

Que la liberté et la souveraineté politiques soient, pour les mariniers, pure fiction, le fait est flagrant. Mais si la Révolution ne les leur a pas données, malgré que ses apologistes l'assurent, elle leur a retiré ce que l'ancienne organisation leur assurait, la liberté et la souveraineté professionnelles. Une Révolution nouvelle les leur rendra.

CONCLUSION GÉNÉRALE

Les mariniers n'ont pas subi les déforma-
tions spéciales au régime de la grande industrie. Mais leur métier, en les marquant de sa
forte empreinte, n'a rien amélioré de leur
nature qui est celle de l'homme livré aux
instincts inférieurs.

Leur indigence intellectuelle apparaît liée
à la possession d'excellentes facultés men-
tales, comme leur diminution morale à une
nature par certains côtés apte au bien. Pourquoi cette rencontre ? Parce qu'un gouvernement soumis à l'opinion tente, pour devenir
stable, de se la soumettre ou de la neutrali-
ser : il neutralise les mariniers en les maintenant dans cette ignorance qui les rend plus
gouvernables. D'autre part, la religion laïque

officielle travaille à établir le règne des appé-
tis qui fournissent aux gouvernants de nouveaux moyens d'asseoir leur domination.

A lui seul, le groupement professionnel
commencerait à élever les mariniers au-dessus
d'eux-mêmes en les initiant à la conduite
d'intérêts plus considérables que leurs intérêts particuliers et en les assouplissant à
réfléchir sur les influences complexes dont
dépendent leur vie collective et leur prospérité générale. Les mariniers ne se contente-
raient plus d'être parfaitement adaptés à
l'exécution des actes matériels nécessaires à
la conduite de leurs bateaux ; ils cesseraient
d'être étrangers aux préoccupations et aux
difficultés d'une organisation complexe et
d'une administration importante. L'influence
éducatrice de l'association dégagerait de la
masse des mariniers tous ceux d'entre eux
qui seraient aptes à la conduire et à la faire
prospérer.

Sa tâche ne consisterait pas seulement à
éduquer ses membres et à les instruire, mais
aussi à les aider et les protéger dans la gestion
de leurs intérêts particuliers : elle pourrait

consentir des prêts, fonder des caisses d'assurances, de secours mutuels, de retraites,
surveiller la rédaction et l'exécution des contrats, susciter même des entreprises coopé-
ratives de transport et, d'une façon générale,
par la solution des questions professionnelles que l'État est inhabile à régler, réaliser
la séparation nécessaire du métier et de l'État.
Dans la vie propre de la profession, l'État, qui
tend à être tout, ne doit plus être rien.

Actuellement, les mariniers, experts dans
la pratique de leur métier et compétents pour
la conduite de leurs affaires, ne sont pas dotés
d'une organisation qui leur permette de traiter de leurs intérêts communs : l'État, qui n'y
entend rien, se réserve de les régler. A
l'inverse, les mariniers restent à peu près
complètement étrangers, en fait, à la vie politique du pays : cependant ils gardent la qualité théorique de souverains investis de pré-
tendus moyens d'exercer cette souveraineté ;
ils possèdent le droit d'intervenir dans les
affaires du gouvernement. Ils subissent, à
tout le moins, l'illusion de pouvoir exercer
sur la politique générale, par leurs suffrages,

s'il leur plaît d'en user, une direction effective et un contrôle permanent. Aussi Léon estime-t-il que l' « on est plus tranquille avec un président qu'avec un roi » et que « les présidents, on devrait les adorer ». Mathieu en tombe d'accord. Et cependant, si l'un et l'autre s'acquittent parfaitement de leur travail de mariniers, s'ils font preuve de capacité dans la conduite de leurs affaires personnelles, Léon ne possède, en matière politique, d'autre compétence que celle qu'il tient de Mathieu, et toute la science de Mathieu se résume en ces formules qui fondent son jugement et inspirent ses résolutions : — il y a eu le temps d'autrefois où vivaient les seigneurs ; ils communiquaient entre eux par des souterrains qui atteignaient jusqu'à douze lieues de longueur, mais où l'on ne peut plus descendre parce qu'ils sont pleins de décombres et que l'on n'en connaît pas l'entrée ; — et il y a le temps d'aujourd'hui où les riches vivent dans les bois comme les loups, où les anarchistes sont les ennemis de la République et de « M. Fallières » que l'on adore. Ces étonnants aphorismes sont puissamment cimentés par la lecture du *Petit Parisien* qui ne lui permettra jamais de voter, s'il vote, autrement que le gouvernement le désire. S'il ne vote pas, il confirme, par son abstention, l'effet du vote des autres électeurs. Actif ou passif, il pèse sur les destinées de la France. Électeur, il est qualifié pour influencer l'avenir du pays et, même s'il n'use pas de son droit, en fait il l'influence encore. Plusieurs millions d'électeurs ne diffèrent pas du père Mathieu : ils constituent ce que l'on appelle le suffrage éclairé et conscient.

Les mariniers s'entendent à conduire leur bateau et à se conduire plus ou moins heureusement eux-mêmes. Leur capacité d'action utile peut s'exercer sur tout le fonds de leur propre expérience, sur les faits circonscrits par l'étroit horizon de leur vie. Tout ce qui est au delà leur demeure étranger et ils n'en traitent que par procuration, sur la foi d'autrui. Si « autrui » est malfaisant, l'instrument politique qu'on a mis entre leurs mains devient nécessairement un instrument de ruine.

Tout ce que nous disons de l'influence

active ou passive, directe ou indirecte, des mariniers sur les affaires de l'État, nous l'avons dit de l'influence active ou passive, directe ou indirecte, de l'État sur les affaires des mariniers, sur leur vie individuelle, familiale et professionnelle.

Par conséquent, l'Économique et le Politique, que nous les envisagions séparément ou en tant qu'ils se pénètrent l'un l'autre, apparaissent, dans notre société, constitués au rebours des exigences de l'expérience et de la raison.

En résumé, nous trouvons chez les mariniers beaucoup de solides qualités individuelles, familiales et professionnelles, mêlées à de graves défauts qui se rencontrent chez tous les hommes.

Cultivés, éduqués, guidés, ils fourniraient les éléments d'une collectivité riche et puissante qui deviendrait une des forces vives du pays.

Mais ni leurs qualités ne se développent, ni leurs défauts ne se réduisent. Au contraire : faute d'organismes dispensateurs d'une culture appropriée, les qualités tendent à disparaître, et, faute d'une discipline nécessaire,. les défauts tendent à s'accroître.

L'action que l'État exerce sur eux est dégradante.

Par sa religion laïque, que propagent directement ou indirectement l'école et la presse officielles, il abêtit et démoralise : l'ignorance s'épaissit et les instincts inférieurs se développent.

Par les principes et le jeu de sa constitution, il invite les mariniers à traiter de ses affaires qu'ils ignorent, intervient dans les leurs qu'il ne connaît pas, et les empêche de les gérer malgré qu'ils y soient aptes éminemment.

Les mariniers constituent, en fait, un corps nettement défini et délimité. Mais, amorphe, dépourvu de ses organes naturels et des moyens d'action nécessaires, il reste incapable de se gouverner, de se conduire, de se défendre. Ses éléments, au lieu de prospérer, mènent à grand'peine une vie médiocre et précaire.

Ainsi donc, le problème de l'amélioration morale individuelle des mariniers est d'ordre religieux, et le problème de leur amélioration matérielle, individuelle ou collective, est d'ordre économique ; l'association professionnelle permet de résoudre celui-ci, mais cette solution économique est subordonnée à la solution du problème politique de la réforme constitutionnelle de l'État.

APPENDICE

---

§ 1. — Jean de l'Écluse.

Dans une intéressante brochure sur *La Batellerie*[1], Jean de l'Écluse a étudié les conditions matérielles de la vie et de la profession des mariniers.

Leur grève de 1904 surprit tout le monde. Des bourgeois politiciens et gréviculteurs s'empressèrent autour des mariniers, et, s'apercevant que, pour la plupart, ceux-ci ne votaient ni ne se souciaient de politique, les quittèrent presque aussitôt. Cette grève avait été causée par la misère à laquelle l'exploitation des affréteurs avait réduit les mariniers.

Voici, d'après Jean de l'Écluse, le « budget annuel du marinier pour l'année 1904 »[2] :

1. Chez Lecoffre-Gabalda, Paris.
2. P. 13-15.

Recettes

Fret à 4 fr. 75 la tonne pour le voyage Lens-
Paris.—Chargement moyen de 285 tonnes.
   — 1 voyage......................... 1.353 fr. 75
Par an, moyenne de 4 voyages......... 5.415 fr.

Dépenses

Frais de réparation du bateau à effectuer sur
   chantier par période de 5 à 7 ans........... 300 fr.
Entretien annuel du bateau et gréement....... 500
Frais d'un voyage de transport :
     Affrètement et chargement.. 110
     Traction aller et retour...... 640
                              750 fr.

4 voyages par an......................... 3.000
Patente et assurances.................... 190
Nourriture pour famille de 4 enfants, à rai-
   son de 4 francs par jour................. 1.460
Entretien............................... 200
                              5.650 fr.

     5.650 fr. — 5.415 fr. = 235 fr.
Le déficit est donc de 235 francs.

A ce passif, il faut ajouter l'amortissement
du bateau.

Soit un bateau acheté 12.000 francs avec
versement d'un à-compte de 2.000 francs.
Le surplus sera payé par des annuités de

1.000 francs augmentées des intérêts à 5 o/o de la dette courante. A défaut du versement à échéance d'une seule annuité et des intérêts, il est généralement stipulé que tout ce qui reste dû sera immédiatement exigible et qu'à défaut de paiement le vendeur pourra reprendre son bateau en gardant tout l'argent qui lui aura été jusqu'alors versé. Si le vendeur n'étrangle pas immédiatement son acheteur, il le laisse s'acquitter par fractions; mais alors la dette s'accroît sans cesse des intérêts composés; « nous avons connu des mariniers qui, arrivés à la vieillesse, avaient payé par ce moyen plusieurs fois la valeur de leur bateau, sans pouvoir s'acquitter; à la fin, le bateau ne valait plus que le bois à brûler et ils le payaient encore [1] ».

A l'amortissement du bateau acheté, il faut encore ajouter la diminution annuelle de valeur du bateau en usage: on peut l'évaluer à 500 francs. Le patron marinier doit économiser cette somme en vue du renouvellement de son instrument de travail.

Jean de l'Écluse estime que le fret minimum

1. P. 16.

« de 5 fr. 75 en moyenne, pour 4 voyages Lens-Paris par an, s'impose en toute équité. C'est ce que réclament les mariniers et, en cela, ils se montrent aussi experts dans leur métier que raisonnables et modérés dans leurs prétentions [1] ». Ils réclamaient, en effet, en 1904, seulement le fret de 5 fr. 50, alors que cependant le cours s'était élevé à 6 francs en 1903, 6 fr. 50 en 1902 et 1901, et, tout à fait exceptionnellement, à 7 fr. 70 en 1900.

La situation des patrons mariniers est donc tout à fait précaire. Or, il n'est pas jusqu'à cette détresse même que n'exploitent, en outre, les affréteurs : profitant habilement de la concurrence que les mariniers isolés se font entre eux pour obtenir du fret, ils accordent leur préférence aux mariniers qui peuvent leur payer de plus fortes commissions. Les mariniers les plus pauvres deviennent ainsi les victimes des mariniers aisés.

De plus, les mariniers subissent le contre-coup de la concurrence que les affréteurs se font entre eux pour obtenir la clientèle des négociants. Les affréteurs sont amenés à

1. P. 17.

offrir aux négociants de « leur fournir les transports dont ils ont besoin, à un fret inférieur et dans un laps de temps déterminé, par exemple, une année » ; ils y ajoutent même « l'engagement de partager avec le négociant la commission ou prime d'affrètement payée par le marinier ; c'est ce qu'on entend par *ristourne*[1]. » Ces conditions pèsent ensuite sur les cours du marché d'affrètement, les font baisser, et le marinier, en dernière analyse, souffre seul de leur répercussion[2].

Enfin, le marinier est victime de l'usure. Au moment de partir, il a besoin d'avances. L'affréteur lui verse la moitié du prix de transport, diminué d'un escompte de 2 o/o, par exemple, 14 francs pour 700 francs : « usure exorbitante si l'on songe qu'elle porte, non sur une année, pas même sur la durée du transport, mais sur quelques jours, le temps nécessaire pour échanger, par la poste, avec les bureaux du négociant, l'acquit de la somme avancée et le mandat de recouvre-

1. P. 21.
2. Conséquence comparable au phénomène de l'incidence de l'impôt.

ment... Plusieurs Compagnies minières, rompant ouvertement avec ce système déplorable, versent leurs avances gratuitement quand le marinier s'affrète directement à la mine [1]. »

L'auteur énumère diverses « causes médiates » de la crise de la batellerie : la crise générale du commerce, en particulier celle qui se produisit à la suite de l'Exposition de 1900 et qui en fut la conséquence ; des « chômages » officiels prolongés ; des grèves de mineurs ; — d'où, dans ces deux cas, de longs stationnements improductifs ; — enfin, la concurrence de la voie ferrée et des charbonnages étrangers.

Il paraît bien se dégager de cette étude que la plupart des maux dont souffrent les mariniers trouveraient dans l'activité syndicale leur remède. Cependant, Jean de l'Écluse ne propose pas cette solution [2]. Il rapporte qu'après la grève les mariniers entrèrent avec enthousiasme dans le syndicat qu'ils imaginaient capable de remplacer les affréteurs. Jean de l'Écluse taxe de chimérique cet espoir. Du

1. P. 22-23.
2. Ni aucune autre.

moins est-il certain que le syndicat peut très efficacement défendre les intérêts des mariniers volés par des intermédiaires sans scrupule. Sans prétendre au monopole de l'affrètement, il pourrait affréter concurremment aux affréteurs. Même n'affrétant pas, il interviendrait pour obtenir le fret à des prix plus élevés. Il lui serait facile de constituer une caisse d'avances gratuites et de prêts non usuraires, et de soustraire le marinier à la clause malhonnête de la reprise du bateau par le vendeur à la petite semaine, qui garde les versements effectués bien qu'ils dépassent le prix de location et la valeur des réparations.

§ 2. — Maurice Talmeyr.

Talmeyr, se plaçant au point de vue religieux, a étudié l'Œuvre des mariniers de l'Ile Saint-Denis [1].

« Rien qu'à Paris, vingt mille bateaux stationnent chaque année à l'Ile Saint-Denis et chaque bateau, en moyenne, parents,

---

1. *La Croix sur les eaux*, dans *Le Correspondant*, 25 novembre 1907.

enfants et pilote, porte au moins cinq à six personnes. C'est donc, par an, un passage de 100.000 âmes. On sait aussi où se recrute la population batelière. Elle vient presque toute de Flandre, d'Artois, de Picardie, d'Alsace et de Belgique... Beaucoup des noms des bateaux ont un caractère tout religieux ; ils ont même un parfum de prière et de mysticité[1]... Une foi naïve, altérée par de nombreuses superstitions, mais néanmoins très vive et très profonde, est bien précisément, en général, l'âme de la population marinière... Sa vie conserve le marinier dans l'habitude de certains fétichismes et de certaines sorcelleries moins disparues qu'on ne le pense, mais aussi dans les saintes croyances chrétiennes, et le soir, sous le brouillard ou la lune, dans la cabine de famille, il s'agenouille volontiers au pied de sa couchette[2]... »

Le curé de l'Ile Saint-Denis, l'abbé Passenaud, fonda, en 1896, *l'Œuvre préparatoire à la première communion des petits mariniers*. Il est secondé par deux religieuses de l'Ordre

1. P. 757.
2. P. 758.

de Cluny. Son rêve serait d'organiser une chapelle volante qui parcourerait les centres mariniers [1].

Une année, à la demande de la population batelière de l'Ile Saint-Denis, il tenta de faire une procession en péniche au milieu de la flottille. Tous les bateaux étaient pavoisés. Mais, aussitôt commencée, la cérémonie fut interrompue par l'intervention de la police et de la gendarmerie.

Depuis lors, « la guerre, ouverte ou sournoise, avait toujours continué. Des sociétés se fondaient, sous prétexte d'inviter les mariniers à se grouper pour la défense de leurs intérêts, et venaient, jusque dans l'église, assister aux noces ou aux enterrements de leurs adhérents avec des emblèmes et des drapeaux; mais ce n'était jamais que pour chercher, sous main, à les détourner de leurs habitudes religieuses. On ne tardait pas non plus à voir s'ouvrir, sur le quai de l'île, un grand estaminet criard, à devanture violemment enluminée, à physionomie de bar, avec un comptoir éblouissant et cette ambitieuse et retentis-

1. C'est ce que fait actuellement l'abbé Platau.

sante enseigne : *Coopérative de la Batellerie belge et de la Batellerie française...*

» La libre pensée, la persécution, les tentations, les suggestions de toutes sortes n'étaient pas le seul ennemi qu'il (le curé de l'Ile Saint-Denis) eût à combattre. Il rencontrait aussi, presque à chaque pas, les plus singulières superstitions, les plus insensées et les plus extraordinaires, les plus invétérées et les plus tenaces[1]... » Par exemple, après Pâques, une jeune fille vient lui demander un des clous du cierge pascal afin que se réalise le mariage qu'elle souhaite. Elle n'accomplissait d'ailleurs jamais aucun devoir religieux régulier, mais elle pratiquait fidèlement une dévotion individuelle, le chemin de croix, chaque vendredi, dans une église. « Dans toutes les circonstances de leur vie, rien n'est plus fréquent, chez les mariniers, que le recours à des talismans ou des conjurations dont ils conservent les formules dans des ouvrages clandestinement imprimés ou recopiés par eux à la main sur des cahiers[2]. » Talmeyr cite la conjura-

1. P. 761.
2. P. 762.

tion contre l'entorse, la conjuration en vue du mariage. « La croyance aux sorts se retrouve dans toutes les campagnes, mais ne sévit nulle part comme parmi les mariniers[1]. »

Les deux sœurs de Cluny font le catéchisme aux enfants qu'elles vont chercher sur les bateaux. « Les deux saintes filles, depuis la persécution, logent au fond d'une impasse, chacune dans sa mansarde, sous les combles d'un bâtiment... Un lit-cage relevé et poussé dans un coin, un mauvais meuble à côté et un crucifix sur le mur, sous la lucarne du toit, c'est tout ce que pourrait voir, chez l'une ou l'autre, le commissaire qui viendrait perquisitionner...[2] »

« L'une d'elles, une année, sur plus de 8.000 bateaux, n'en rencontra que deux où elle ne trouva pas de sympathie. Malgré tout, cependant, elles doivent quelquefois renoncer à leurs visites. Le monde des débardeurs et des forts est souvent mêlé de ces malfaiteurs et de ces brutes parmi lesquels se recrutaient déjà autrefois les massacreurs de la

1. P. 763.
2. P. 765.

Révolution, et, là où ils sont trop en nombre, à certains moments ou dans certains quartiers, la sœur ne doit pas songer à approcher. Dans ces cas-là, seulement, par un hasard singulier, elle est toujours prévenue à temps. Il se trouve toujours là quelqu'un.. pour lui dire, en l'apercevant : Ma sœur, ne venez pas par ici…[1] »

Le curé de l'Ile Saint-Denis dit à M. Talmeyr : « Personne ne se doute qu'il puisse exister à Paris une population aussi bonne et aussi naïve dans sa bonté. En raison même de ces instincts ingénus et bons, on peut très facilement l'illusionner, et il ne manque pas, autour d'elle, d'agents et d'étrangers pour essayer de la pervertir… Elle a vraiment le fond chrétien et l'âme généreuse et saine… Vous pourrez juger combien ces gens du peuple sont souvent peu vulgaires… et combien, chez eux, l'âme est bonne…[2] »

Tandis que j'ai surtout vécu dans l'intimité des mariniers du Centre, l'étude de Talmeyr

1. P. 767.
2. P. 768.

porte principalement sur les mariniers du Nord. Elle peut se résumer ainsi : la population de mariniers de l'Ile Saint-Denis conserve un résidu de croyances chrétiennes fragmentaires, altérées et mêlées de superstitions ; malgré l'hostilité officielle, le manque d'hommes, la pénurie d'argent, l'action religieuse sur ces gens à l'âme « bonne, généreuse et saine », donne les meilleurs résultats.

Ces conclusions optimistes paraîtront peut-être contraster avec l'impression plutôt pessimiste qui se dégage de mon étude concrète

L'opposition n'est qu'apparente entre des faits dont la réalité demeure. Elle s'explique, à la fois, par la différence entre les provinces du Nord demeurées assez généralement croyantes et les provinces du Centre ravagées par l'anticléricalisme, et par la différence de point de vue des observateurs. Les mariniers m'apparaissent comme ils sont et je les prends tels qu'ils m'apparaissent. Au prêtre informateur de Talmeyr, les mariniers apparaissent tels qu'ils désirent être, dans leur effort pour devenir meilleurs et dans le succès qui couronne cet effort. Que beaucoup soient infériorisés, mais tous aisément capables de progrès rapides, cela tient à ce que, abaissés depuis peu de temps sous la pression de circonstances extérieures et générales, ils ont gardé assez de bon vouloir et de désir du bien pour demeurer susceptibles d'un prompt relèvement.

TABLE DES MATIÈRES

Imp. Jouve & Cⁱᵉ, 15, rue Racine, Paris — 2533-14

Réponse à quelques remarques, réserves, objections et critiques, adressées à la « méthode » employée et à l'étude sur « les mariniers ».

Peu de semaines avant la déclaration de guerre, *la Méthode concrète* et *les Mariniers* ont fait l'objet, après une aimable analyse de M. Paul Mathiex (1), d'une étude critique de MM. Henri du Passage (2) et Charles Calippe (3). Il a paru utile, à l'occasion de cette édition nouvelle, de publier un examen détaillé de leurs objections.

I

Sur la méthode, M. du Passage fait une réserve à laquelle l'auteur ne peut que souscrire : « il est « délicat » de « faire le discernement entre les ten- « dances avérées, les habitudes communes, bref « tout ce qui caractérise réellement le métier en « cause, et les traits spéciaux aux quelques indivi-

1. *La Patrie,* 16 juin 1914, « *Sur le vif* ».
2. *Etudes,* 5 juillet 1914.
3. *Revue du clergé français,* 15 juillet 1914.

1

« dus observés. Faute d'opérer ce triage, on pour-
« rait, dans le but de faire vite, inscrire aisément
« à l'actif ou au passif d'une profession les quali-
« tés ou les défauts de quelques spécimens étu-
« diés... » L'observateur « doit... se garder contre
« le désir de généraliser indûment un caractère
« inédit, de réunir quelques traits pittoresques
« pour en brosser un tableau plus original que
« ressemblant » (1).

La difficulté n'est pas niable. Mais, tout en se gardant des généralisations illégitimes, on ne doit pas oublier que l'étude de quelques ouvriers est, beaucoup plus qu'on ne le suppose, révélatrice des caractères communs à toute une catégorie d'ouvriers ou même à toute la classe ouvrière. Il ne faut pas moins craindre de trop individualiser les exemples que de trop les généraliser. L'écueil est double.

Si l'auteur prend soin de séparer le plus possible la description des faits dont il porte témoignage et les conclusions que ces faits lui suggèrent, ses observations, étrangères à tout « discernement » contestable ou « généralisation indue », conservent leur valeur documentaire et permettent au lecteur d'en dégager d'autres leçons. Observer et critiquer sont deux opérations différentes : prendre une observation est une chose ; en discerner le sens et la portée en est une autre. Ce qui ne doit pas

1. *Etudes*, 5 juillet 1914, p. 78.

s'entendre de cette manière qu'il n'y aurait aucun
rapport entre la faculté d'observer les faits et celle
d'en faire la critique : dans les deux cas l'intelligence agit ; et la même intelligence ; il est tout
aussi nécessaire d'apporter, dans l'art d'observer,
de l'esprit critique, que de ne pas perdre de vue,
dans le jugement critique, les réalités qui le fondent. Mais il n'en reste pas moins vrai qu'en tant
qu'observateur on doit viser seulement à bien
observer, quelles que soient les conséquences possibles de ces observations, et, en tant que critique,
s'efforcer de raisonner juste en maintenant entre
les faits recueillis et la réflexion la liaison la plus
intime. En recueillant le document pour lui-même
et en exposant ses conclusions à part, l'auteur
laisse le lecteur beaucoup plus libre de conclure
différemment après avoir réfléchi sur les mêmes
données. Ainsi s'évitent, avec les exposés tendan-
cieux, toute généralisation indue « d'un caractère
inédit » et tout groupement de « quelques traits
pittoresques » en vue d' « en brosser un tableau
plus original que ressemblant ».

Néanmoins il n'est pas toujours possible de dis-
socier aussi complètement l'observation et la conclusion : il arrive parfois qu'elles s'accompagnent
d'une façon si étroite, se pénètrent même d'une
manière si intime qu'elles se confondent tout naturellement dans l'exposition. Parfois aussi, il paraî-
tra utile d'indiquer rapidement, par une brève
remarque au cours de la description générale,

l'idée qu'un fait éveille et qui amorcera la conclusion.

La préoccupation documentaire pose la question du « réalisme » du document : convient-il de jeter systématiquement un voile sur certains propos et sur certains faits ? M. du Passage répond affirmativement.

« Dans cette méthode d'information directe,...
« si l'on doit rapporter seulement ce que l'on a
« entendu ou vérifié, il n'est nullement nécessaire
« de rapporter tout ce que l'on a entendu. Le souci
« de l'objectivité n'a pas à tourner au fétichisme,
« à faire présenter solennellement comme des trou-
« vailles ou conserver comme des reliques toutes
« les expressions des travailleurs. M. Valdour ne
« s'est point gardé contre cet écueil (1)... » « Dans
« les fouilles marines, quand la drague ramène
« des algues curieuses ou des coquilles intéres-
« santes, on les examine et les classe. Si elle ne
« remonte que de la vase nauséabonde, on rejette
« cette boue à la mer. Nous demandons qu'on
« fasse de même dans les fouilles. en milieu ou-
« vrier... Ces suppressions sont d'autant plus
« souhaitables que... ces obscénités ne sont pas
« spécifiques de la catégorie observée (2). »

1. *Études,* p. 80.
2. *Id.*, p. 81.
M. du Passage rappelle également que « des critiques avertis » (p. 80) m'avaient fait « pareil grief » à propos de *la Vie*

Je ne m'étais pas du tout rendu compte de la « solennité » avec laquelle, paraît-il, j'avais présenté « comme des trouvailles », après les avoir conservées quelque temps par devers moi, « comme des reliques, toutes les expressions des travailleurs ». Je m'étais très simplement borné à ne pas négliger un aspect de la vie morale des travailleurs qui, se réfléchissant sur leur vie économique, l'influence fortement. Si ces grossièretés « ne sont pas spécifiques de la catégorie observée », elles sont très spécifiques de la période historique dont cette « catégorie » est contemporaine : elles caractérisent des habitudes et une éducation liées aux courants les plus généraux de cette époque et qui permettent d'en faire remonter les responsabilités à l'appareil directeur d'une société étudiée à un certain moment de son histoire. On n'en pourrait omettre la notation sans altérer la physionomie de cette société ; le silence équivaudrait à un maquillage. La fréquence et le degré des grossièretés constatées accusent la facilité de contamination du groupe observé et, tout à la fois, l'intensité et l'extension de l'action dégradante qui s'exerce sur lui.

ouvrière. C'est exact. Mais il eût été d'une plus grande exactitude d'ajouter qu'ainsi que je l'ai déclaré dans *la Méthode concrète* (p. 79), d'autres personnes, « également qualifiées pour émettre une opinion de poids en cette matière, m'ont nettement approuvé ». Un chartiste m'a écrit en ce sens (V. *Méthode*, p. 102). Parmi ceux que j'avais consultés, plusieurs étaient revêtus du même caractère que M. du Passage lui-même.

Au reste, comme l'écrit très justement M. du Passage, « il n'est nullement nécessaire de rapporter tout ce que l'on a entendu ». Mais il peut être nécessaire d'en rapporter quelque chose. Dans les « Observations » publiées, je n'ai pas tout reproduit, ni le pire. Dans mon *Ouvrier espagnol*, je devrai m'abstenir de noter toutes les obscénités, car elles sont incessantes, elles constituent la trame même de toutes les observations ; c'est un jet continuel de propos orduriers et de blasphèmes; leur notation serait d'une monotonie aussi écœurante que superflue. Encore conviendra-t-il de souligner leur extrême extension. En mettant ainsi en relief la moindre résistance de la race et l'effroyable effet de l'éducation moderne dont l'Espagne après la France subit la loi, nous pourrons conclure à l'urgence d'une douane prohibitrice et à la nécessité, pour le peuple espagnol, d'une discipline particulièrement rigoureuse. Dans mon *Ouvrier agricole*, je pourrai opposer au dévergondage croissant qui sévit dans les campagnes laïcisées l'unique propos recueilli par hasard auprès d'un paysan attardé dans « l'abêtissement clérical » et qui témoigne de l'élévation de pensée et de cœur dont la discipline chrétienne rendait coutumiers même les habitants des hameaux perdus dans nos plus lointaines provinces.

Quant à la comparaison tirée des fouilles marines, qu'il suffise de faire remarquer que, si le botaniste examine et classe « les algues curieuses » et le zoo-

logiste les « coquilles intéressantes » (et, pour
eux, elles sont toutes intéressantes), le géologue
et aussi le zoologiste retiennent avec un soin égal
aux fins d'examen « la vase » même « nauséabonde » : il est pour eux important de savoir s'il
s'agit, par exemple, de *boue à globigérines.*

Il reste que le dosage de cette documentation
réaliste est infiniment délicat. Le principe n'en
paraît pas contestable en raison, bien que la
mesure pratique de son application, qui relève du
sens individuel, semble devoir toujours être con-
testée. L'étude concrète ne doit pas plus se transformer en recueil de langue verte qu'en collection
d'idylles à la Florian. L'auteur — non plus que
le censeur — ne peut oublier que nous ne voya-
geons pas au pays des fables et que les livres ne
s'écrivent point à l'usage exclusif des adolescents.

M. du Passage estime trop nombreuses les diverses conclusions: « il n'y a pas moins de trois
« chapitres qui portent le titre « conclusion ».
« (Deux conclusions particulières et une générale). »
Comme le volume contient également des appendices, M. du Passage critique « ce mode ou cette
« absence de composition ». Enfin, « il y a des
« détails, trop longs parce que peu instructifs, sur
« les démarches infructueuses de l'auteur pour
« renouveler son expérience et venir en bateau,
« du Nord cette fois, vers Paris » (1).

1. *Études,* p. 82, note 2.

Le chapitre consacré aux mariniers du Nord,
inutile? Jugement sévère et un peu prompt! Ce chapitre ajoute, au contraire, au tableau de la vie
des mariniers bien des traits que le chapitre précé-
dent ne fournissait pas: détails sur l'existence des
bateliers en station, sur leurs occupations, flâne-
ries et distractions, la finesse ingénieuse et variée
avec laquelle ils imaginent des prétextes nouveaux
pour écarter l'intrus, la préoccupation des mères
de prémunir leurs enfants contre les inconvénients
du vagabondage et de l'oisiveté et de leur assurer
instruction et éducation, l'exploitation de l'ignorance des mariniers dans les contrats qu'ils doivent
signer, la pénétration des mariniers par la politique sous le couvert des intérêts professionnels,
le contact immédiat et toujours redouté des débardeurs, manœuvres et vagabonds, et bien d'autres
menus traits dont la signification n'échapperait
pas à un esprit moins dédaigneux des contin-
gences expérimentales.

La multiplicité des conclusions procède du désir
de mettre de l'ordre dans les faits et dans les idées
qu'ils suscitent ou éclairent et de n'avancer
qu'avec prudence vers les affirmations définitives.
L'observation prise ne comporterait-elle qu'une
page, elle appellerait encore une conclusion, fût-
ce d'une ligne. Il y en a et il doit y en avoir autant
que d'études distinctes. Ceux-là seuls peuvent
rester surpris de ces habitudes courantes dans la
pratique des sciences d'observation, qui sont

étrangers à leur discipline. En bonne méthode expérimentale, toute observation partielle appelle une conclusion limitée au groupe homogène de faits analysés. La conclusion générale se dégage de ces diverses conclusions partielles dont elle groupe les traits principaux avant que d'en accuser plus nettement les tendances et esquisser les vérités essentielles auxquelles elles conduisent.

La présence d'un appendice ne trouble pas la composition d'un ouvrage puisqu'il lui reste, par définition et par nature, extérieur, tout en lui ajoutant quelque chose. S'il lui est extérieur, il ne lui est pas étranger : il le complète. La contribution que l'appendice des *Mariniers* apporte à l'étude d'un sujet aussi peu connu valait que les deux brèves études auxquelles il est consacré fussent analysées.

Le grief énoncé contre la composition du livre serait peut-être moins contestable s'il s'agissait d'une œuvre littéraire. Mais, dans un travail scientifique, les règles de la rhétorique cèdent le pas aux règles de l'observation. Il s'agit ici, par dessus tout, de prendre et de rapporter des observations : la forme littéraire d'un récit dont toutes les parties s'équilibreraient et dont tous les éléments fusionneraient dans un ensemble harmonieux doit rester subordonnée à la forme que la notation des faits observés impose. Si l'étude concrète d'un groupe ouvrier contient une observation abondante et une observation brève, elle

comportera un chapitre long et un chapitre court;
on n'abrégera pas le premier et l'on n'allongera pas
le second pour le plaisir d'un lecteur qui éprouve
le besoin de feuilleter un livre dont les différentes
parties couvrent des surfaces de papier sensiblement égales. On ne se proposera pas de faire des
observations au mètre. On se gardera, par amour
de la symétrie, de faire des fausses fenêtres.

Mais que vaut, considérée en elle-même, la méthode employée ? Quelle est sa portée ?

M. du Passage lui reproche d'abord l'étroitesse
de son champ d'action : « A la suite d'un séjour
« parmi les débardeurs des quais de Roanne »,
M. Valdour « est revenu vers Paris sur une
« péniche où il jouait le rôle de passager payant,
« dans le costume d'un ouvrier en quête de tra-
« vail. Le voyage a duré deux semaines et demie ;
« le cercle d'observation comprenait presque
« uniquement le personnel du bateau : trois
« hommes et une femme ; et le point de vue
« économique était à peu près négligé pour lais-
« ser place à l'enquête psychologique et morale.
« Ces données sont nécessaires pour fixer la por-
« tée des pièces recueillies » (1).

Remarquons, pour apprécier la valeur de ces
réserves, qu'elles concernent moins la méthode

1. *Études*, p. 78.

que l'usage qui en a été fait dans l'espèce considérée. Encore ne s'imposeraient-elles, dans ce cas
particulier, que si l'étude sur les mariniers était
présentée comme complète et définitive. Or, il va
de soi qu'une telle étude suppose toute une série
d'enquêtes sur chaque groupe régional de mariniers.Laisser entendre que j'ai pu prendre position
contre une pareille évidence, c'est m'attribuer une
absurdité qui procure au censeur l'occasion d'un
triomphe par trop facile. Une première recherche
sur un groupe professionnel ne peut fournir
qu'une contribution à la connaissance de cette
profession : j'ai d'ailleurs pris soin de l'indiquer à
la page 3 de l'introduction. Ce qui n'implique pas
que cette contribution ne puisse déjà suffire à
mettre sur la piste des principes généraux et
même à placer en évidence plusieurs d'entre eux,
car l'individuel reflète le général et l'universel se
retrouve dans l'accident.

On allègue, il est vrai, que « le point de vue
« économique était à peu près totalement négligé
« pour laisser place à l'enquête psychologique et
« morale ». Autant supposer que l'observateur a
abordé le terrain d'observation avec le dessein
préalablement arrêté de limiter son enquête à
certains aspects du sujet et d'étendre ses conclusions à la totalité des aspects que le sujet présente. Rien ne serait plus propre à fausser l'observation : celui qui l'entreprend ne doit pas avoir
d'autre intention que de retenir tout ce que l'ex-

périence lui livrera. Si, dans le chapitre II, le côté économique paraît « à peu près totalement négligé », c'est que, dans la réalité de la vie des individus qui y sont observés, il tient une place très médiocre. Il s'agit là, en effet, de salariés satisfaits de leur sort. Cela valait la peine d'être retenu. Le point de vue économique prend, au contraire, plus de place dans les préoccupations des mariniers petits propriétaires, rencontrés dans le Nord, étudiés au chapitre III, et dont les réflexions confirment les renseignements fournis par Jules de l'Ecluse dans une brochure que l'appendice analyse.

Le soin avec lequel M. du Passage souligne le petit nombre de personnes que transporte le bateau nous fait un peu trop paraître notre contradicteur comme mû par le secret désir de « fixer » à peu de chose « la portée des pièces « recueillies ».Comme si la quantité des renseignements et leur portée étaient nécessairement en rapport avec le nombre des personnes observées ! Notre censeur concède, il est vrai, qu' « il paraît bien... que plusieurs » de ces pièces « ont vraiment une valeur d'ensemble » (1). Mais il néglige de corriger l'impression excessive que la formule « trois hommes et une femme » pouvait produire. Ce n'est pas assez d'écrire que « le cercle d'observation comprenait *presque* uniquement » ces

____

1. P. 79.

quatre personnes : il faut préciser, pour être équitable, que ce personnel du bateau entrait, au cours du voyage, en contact avec d'autres mariniers qui se révélaient semblables aux mariniers avec lesquels vivait l'observateur. Les observations recueillies se prolongent donc en perspective bien au delà de ses compagnons permanents et immédiats.

Le censeur omet totalement, d'ailleurs, de faire état de la prise de contact de l'observateur avec les bateliers du Nord. Il en accorde dédaigneusement mention, quatre pages plus loin, en note (1), et pour traiter ces observations complémentaires de « détails trop longs parce que peu instructifs », mais qui, avec les conclusions et les appendices, permettent « sans doute d'atteindre plus rapide-« ment les 240 pages du petit livre... ; tout cela « ressemble trop aux procédés de remplissage « employés par des reporters pressés de voir « grossir leur copie ». M. du Passage saura désormais que ces publications de « *Vie ouvrière* » n'ont pas le caractère d'une entreprise de librairie : l'auteur n'exécute pas sur commande des travaux « pressés » et payés au mètre carré de papier noirci ; n'ayant recherché aucun avantage matériel, il accepte le privilège d'acquitter les frais d'édition. Si 240 pages ne suffisent pas à l'appétit critique de M. du Passage, M. du Passage en

1. Note 2 de la page 82.

trouvera près de 300 dans cette édition nouvelle. Comme il a fourni, partiellement au moins et pour une part honorable, la matière et l'occasion de cet accroissement, il est juste qu'il en soit ici même remercié.

Mais M. du Passage ne reproche pas seulement à la méthode concrète de trouver un champ d'application trop étroit. Il va beaucoup plus loin : d'après lui, cette méthode serait même stérile.

« Il serait sans doute exagéré de faire honneur
« de ces conclusions » (les conclusions des *Mariniers*) « à la méthode expérimentale préconisée par
« l'auteur. Des faits typiques, collectionnés par
« lui..., ont aidé à la lumière. Mais lui-même ne
« contesterait pas sans doute que des conclusions
« aussi générales auraient pu être déduites des
« principes connus et des observations ordinaires.
« Elles le pourraient si bien qu'en fait elles ont été
« formulées dès longtemps comme l'un des remèdes
« aux crises morales et économiques... On a l'im-
« pression qu'elles dominent ces observations plus
« qu'elles n'en sortent et qu'elles sont venues
« d'ailleurs pour recevoir, dans ce cas particulier,
« une confirmation et comme un hommage. La
« chose n'a, du reste, rien que de normal. Ce n'est
« pas à l'expérience de nous dire les principes
« premiers qui doivent régir les hommes... L'ob-
« servation apprendra au plus ce qui est, non ce

« qui doit être... Alors, que sera le bénéfice de ces
« observations vécues ? Leur rôle nous paraît être,
« en somme, d'illustrer, par le détail typique, un
« ensemble déjà connu mais encore mal éclairé.
« Ce rôle est restreint puisqu'il se limite, de par
« les conditions où il s'exerce, à certains métiers,
« à l'exclusion des autres. L'ignorance technique
« de l'observateur lui ferme l'accès de l'aristocratie
« du travail et le relègue parmi les manœuvres, les
« apprentis hors d'âge ou les ouvriers sans spé-
« cialité. Ce rôle est restreint encore puisqu'il ne
« saurait prétendre aux synthèses. Mais la force
« d'un exemple est parfois plus agissante que la
« logique de plusieurs théories... » (1)

Retenons l'aveu que la méthode a tout de même
permis de recueillir « des faits typiques ».

Constatons, d'autre part, que la véritable pensée
du censeur se trahit enfin : toutes ses menues critiques de détail préparaient seulement à l'accepta-
tion de sa critique fondamentale, au rejet de la
méthode d'observation elle-même dont la méthode
concrète exprime un certain mode d'application.

Nous ne pouvons admettre cette thèse qui équivaut à nier que l'intelligible soit inclus dans le sensible et l'idée dans l'image et que le travail de la réflexion appliquée à l'expérience ait pour effet précisément de dégager l'intelligible du sensible qui l'enveloppe et d'abstraire l'idée de l'image qui l'exprime.

1. *Études*, pp. 83-84.

bref, de découvrir dans le particulier le général et dans l'individuel l'universel. L'abstraction et la généralisation trouvent, dans les faits que l'observation et l'expérimentation leur livrent, la matière sur laquelle elles s'exercent pour en dégager les lois qui la régissent. Je ne nie pas, d'ailleurs, que par la méthode inverse il soit possible de déduire de principes supérieurs à l'expérience les règles auxquelles le monde des phénomènes demeure assujetti. L'induction et la déduction peuvent se contrôler et se compléter en se rejoignant dans les mêmes affirmations.

Très certainement, les conclusions que j'ai formulées ne sont pas neuves. Mais je n'ai pas cherché des conclusions neuves : j'ai cherché seulement des conclusions justes. Et je les ai cherchées par des procédés nouveaux, en reprenant à pied d'œuvre diverses idées ou théories que les problèmes sociaux modernes ont fait naître ou plutôt renaître. *Non nova, sed noviter*, cette formule résume à peu près toute la vie de la science et son progrès. On renouvelle une étude en la reprenant d'un autre point de vue, en l'envisageant sous un aspect nouveau. On ne parvient souvent qu'à des conclusions anciennes, mais par des voies jusqu'alors ignorées. Nouvelle est la forme sous laquelle se présentent d'anciennes vérités. Ce n'est pas un jeu vain, mais le seul moyen parfois de restituer leur évidence à des vérités abolies dans notre esprit et de faire cheminer celui-ci jusqu'à des réalités qu'il avait désa ppris de regarder face à face : ainsi, notre méthode *humaine* de traiter des choses de l'économique a pour effet d'aboutir à une économique humaine, alors que la méthode abstraite avait pour conséquence d'ouvrir et de former le cycle des études économiques en faisant abstraction de l'homme réel et de ses besoins concrets. Ce renouvellement et cet enrichissement du fond sont exclusivement dus au renouvellement de la forme. La géographie, après avoir été exclusivement littéraire et descriptive, est devenue, avec la géographie physique que la géologie conditionne, scientifique ; mise ensuite en relation avec l'homme, son habitat, sa nature, ses besoins, ses actions, elle est devenue humaine ; elle a été mise en rapport avec l'homme et les sociétés d'hommes, avec la sociologie. Ainsi, la science sociale, d'abord subordonnée à des considérations exclusivement matérielles, — la terre (physiocrates), le capital (économistes libéraux) — est mise en relation avec l'homme, avec ses besoins individuels, familiaux et sociaux, matériels et moraux, sentimentaux et intellectuels, avec ses aspirations réalistes ou idéales, ses défauts et ses qualités. Elle est devenue humaine. La forme renouvelle le fond et même y ajoute.

La méthode spéculative risque de conduire non à des solutions pratiques, mais à des solutions théoriques dont l'idéalisme demeure transcendant au réel et indifférent à sa propre réalisation. En commençant mes enquêtes, je ne soupçonnais pas qu'elles m'amèneraient jamais à la solution corporative : celle ci m'est apparue, chez les mariniers, comme déterminée par la nature des choses, et, chez les mineurs, comme découverte par leur propre conscience à la lumière des leçons que leur infligeait la réalité. C'est qu'en effet certains principes directeurs de la vie collective sont enfermés dans l'activité même du groupe, la soutiennent et l'orientent, de sorte que les effets utiles ou nuisibles de cette activité décèlent à l'analyse les éléments qui les conditionnent. L'observation « sur le vif » est une manière de vivisection qui ne doit pas être moins féconde lorsqu'on cherche à dérober à l'organisme social, et non plus à l'organisme animal, quelques-uns de ses secrets. L'étude d'un tout vivant conduit à la connaissance des conditions de son bon et de son mauvais fonctionnement, c'est-à-dire à la détermination des lois ou principes directeurs de son activité. Dans l'analyse de cette dynamique, on ne se propose pas de remonter aux « principes premiers », mais simplement aux principes seconds, aux lois naturelles dont la connaissance permet de déterminer les conditions naturelles d'eurythmie et d'euphorie des groupes naturels. La connaissance de « ce qui est », due à l'observation, suffit à nous enseigner comment « ce qui est » reste à l'état d'équilibre et de progrès ou bien entre en régression et se décompose. L'observation, l'expérimentation naturelles ne peuvent nous révéler, ni les lois surnaturelles de la société naturelle, ni les lois idéales de la société réelle, mais les lois naturelles et réelles de cette société. Elles nous montrent les désordres qu'y produit la méconnaissance pratique ou le rejet volontaire tant des lois surnaturelles et des lois idéales que des lois naturelles auxquelles la société doit se soumettre.

Sans doute aucun, les principes naturels sont étroitement liés à d'autres principes qui les dépassent et les commandent, écrits beaucoup trop haut pour être atteints autrement que par l'expérience religieuse ou par la raison pure. C'est de ces principes que l'on est certainement autorisé à dire qu'ils « dominent » mes observations et non qu'ils en « sortent ». Mais il reste qu'ils s'y ajustent et que ces observations les vérifient. Peut-être même, dans certaines espèces, pourra-t-on très justement juger que certaines idées, d'ordre naturel, insérées dans les conclusions, viennent beaucoup moins des observations prises que d'une source différente, « dominent » ces observations plus qu'elles n'en « sortent ». Mais, là encore, les observations recueillies confirment les idées générales auxquelles d'autres chercheurs sont parvenus par un autre chemin. Lorsque l'expérience ne démontre pas directement, elle démontre indirectement en ce sens qu'elle contrôle : mais cela, c'est encore démontrer. L'expérience, qui ne suffit pas à dégager des vérités débordant cette expérience particulière ou supérieures à l'expérience, fournit cependant à ces vérités une vérification d'ordre empirique, partielle ou totale, provisoire ou définitive. Les conclusions établies par la dialectique peuvent trouver dans l'expérience une contre-épreuve qu'il serait présomptueux et injuste de traiter par le dédain. Loin de contester que mes conclusions puissent être atteintes par une autre voie que celle que j'ai suivie, qu'elles puissent être « déduites des principes connus et des observations ordinaires », j'ai écrit (1) que la méthode à laquelle j'ai eu recours pouvait compléter les autres méthodes, mais non pas en remplacer aucune. J'ajoute, une fois de plus (2), que la similitude ou l'identité des résultats obtenus par l'application convergente des différentes méthodes leur confère une force de persuasion exceptionnelle qui justifie la multiplicité des méthodes et toute la peine prise pour parvenir à cette certitude.

La méthode concrète fournit donc plus qu'une illustration : elle procure un moyen d'acquisition et un procédé de vérification. Il ne sert à rien de tenter d'en réduire à l'excès le rôle en alléguant qu'elle « ne saurait prétendre aux synthèses » : si tout élément de l'univers reflète l'univers et, en un certain sens, le contient, on peut s'élever de cet élément à l'univers lui-même ; les généralisations auxquelles conduit l'expérience sont au moins aussi vastes que l'expérience elle-même qui n'a

1. *Méthode concrète*, p. 18.
2. V. *Méthode concrète*, p. 18.

d'autres limites que celles de la totalité des choses que peut embrasser notre regard.

Encore est-il plus vain de tenter de réduire le rôle de la méthode concrète en assurant « qu'il se « limite, de par les conditions où il s'exerce, à « certains métiers, à l'exclusion des autres », de « sorte que « l'ignorance technique de l'observa- « teur lui ferme l'accès de l'aristocratie du travail « et le relègue parmi les manœuvres, les apprentis « hors d'âge ou les ouvriers sans spécialité ». Outre que l'on avoue, par là même, que la grande majorité des ouvriers (tous les ouvriers sauf leur aristocratie, c'est-à-dire sauf un petit nombre) reste accessible à l'observateur, on oublie que l'ignorance technique de l'observateur constitue une insuffisance de l'observateur et non de la méthode. Il ne s'agit plus là d'une limitation de la méthode « de par les conditions où » elle « s'exerce », mais d'une limitation de l'activité d'un observateur donné qui se propose d'appliquer cette méthode. La science sociale concrète, non plus qu'aucune autre science, n'est la propriété d'un homme : une tâche, inexécutable par un seul, est aisée pour plusieurs, et il n'y a pas d'observateur de bonne volonté qui tienne pour impossible de sortir, par l'acquisition d'un métier, de « l'ignorance technique » qui « lui ferme l'aristocratie du travail ».

J'aurais beaucoup mieux aimé que l'on me reprochât de ne pas appliquer moins imparfaitement le mode d'investigation auquel j'ai cru utile de recourir. C'est de mon insuffisance, et non de l'insuffisance de cette méthode, que j'ai personnellement conscience. Dès mon premier volume, j'ai exprimé l'espoir que d'autres observateurs sauraient, mieux que je ne l'ai fait, utiliser ce procédé de recherche. J'ajoute ici qu'une méthode nouvelle n'est pas nécessairement portée du premier coup à sa perfection et que l'on peut toujours espérer qu'elle se perfectionnera par l'usage. Elle ne sort pas, armée de pied en cap, du cerveau de son inventeur. Elle est le fruit de l'application persévérante qui en est faite par plusieurs, d'une adaptation progressive et de corrections reconnues nécessaires.

Quoi qu'il en soit de son imperfection présente et de ma propre insuffisance, mon contradicteur pourra, en lisant les enquêtes qu'il me reste à publier, s'étonner du grand nombre de métiers et de milieux ouvriers que mon « ignorance technique » ne m'a pas empêché d'étudier. Ainsi lui sera-t-il démontré pratiquement que les difficultés objectées n'existaient surtout que dans son imagination.

Puisque cette méthode, de l'aveu même de son critique, permet, malgré tout, de recueillir des « faits typiques », quels sont donc ceux que M. du Passage estime mériter d'être retenus de son application à l'étude des mariniers ?

Des « pièces recueillies », il reconnaît que « plusieurs ont vraiment une valeur d'ensemble (1) ». Voici celles que note M. du Passage : les mariniers qui lisent préfèrent *le Petit Parisien* aux autres quotidiens et, dans ce journal, les faits divers aux autres articles ou informations ; ils constituent « une caste très fermée (2) » ; — « la cordialité ne règne guère entre les professionnels... » ; — « l'individualisme... sévit sur les péniches » ; — « ces hommes ont une véritable idée « de la famille, de la tradition, de l'hérédité qui « perpétue chez les fils le métier des ancêtres » ; — « la religion des mariniers... se résume en « quelques vagues formules que les plus âgés « conservent encore dans leur langage (3) » ; — « le niveau de la morale suit celui de la reli- « gion (4) » ; — « leur ignorance se révèle » profonde, « ce qui n'empêche pas que les « lumières » « modernes ont rendu ces hommes farouches ad- « versaires de la religion » ; — « en revanche, leur « anticléricalisme se double d'un loyalisme aveugle « à l'égard de nos gouvernants (5) » ; — « un « autre trait, commun à cette profession et à beau- « coup d'autres, est la pente raide du gosier (6). »

1. *Etudes*, 5 juillet 1914, p. 79.
2. C'est le cas de toute caste, ce terme désignant un groupe qui se perpétue par les naissances survenues à l'intérieur du groupe. Une caste est fermée ou elle n'est pas.
3. *Etudes, id.*
4. *Id.*, p. 80.
5. *Id.*, p. 81.
6. *Id.*, p. 82.

M. Ch. Calippe a souligné un autre trait fort important : celui de la division de l'ensemble de la classe ouvrière en catégories, réputées, par les ouvriers eux-mêmes, de valeur inégale.

D'autres critiques, appliquant leur réflexion aux faits recueillis, en dégageraient et en retiendraient assurément encore d'autres éléments. De ces mêmes conclusions la réflexion peut s'élever, à travers les conclusions plus larges que le groupement de ces premiers traits autorise, aux conclusions les plus générales qu'il importe d'atteindre. L'auteur s'est efforcé à ce travail constructeur, complément nécessaire du travail d'analyse. Ni M. du Passage ni M. Calippe ne s'y sont élevés avec lui.

II

Nous allons retrouver, sous la plume de M. Charles Calippe, mêlées à quelques observations nouvelles, quelques-unes des remarques critiques formulées par M. du Passage. Peut-être le premier s'est-il inspiré du second dont l'article avait paru dix jours plus tôt. Peut-être aussi la rencontre de ces deux écrivains témoigne-t-elle que, parmi les objections possibles, plusieurs tendent à naître spontanément dans les esprits les plus divers, sous des modalités voisines. Sans doute n'est-il pas superflu d'en reprendre une fois de plus l'examen. En ajustant les termes de notre réponse aux termes nouveaux de l'objection, nous pourrons ajouter peut-être à la précision de notre pensée et renforcer sa justification sans trop souvent tomber dans les redites.

M. Ch. Calippe reconnaît à la méthode employée un double avantage.

Elle offre, d'abord, celui « de placer directement « l'observateur en présence des faits, non pas en « présence de telle ou telle série de faits mais de « tous les faits qui, dans un milieu donné, inté- « ressent la vie d'un groupe d'individus ou en « constituent la trame (1). »

En outre, « ces expériences peuvent avoir, pour « ceux qui s'y livrent et pour le public qui bénéfi- « cie de leurs efforts, une valeur éducative qu'il « convient de ne pas négliger. Tant d'esprits sont « rebelles aux données abstraites des livres et des « statistiques ! Des observations vécues... illus- « trent... (2) » Et M. Calippe glisse aux critiques.

« ...Des observations vécues... illustrent... les « données générales ou les conclusions des mora- « listes ou des sociologues. A cet égard, l'utilité « de telles recherches est indiscutable. Leur utilité, « d'ailleurs, est d'ordre pratique plutôt que d'ordre

1. *Revue du clergé français*, 15 juillet 1914, p. 208.
2. *Id.*

« spéculatif et scientifique. Elles sont utiles à la
« façon des illustrations qui accompagnent un
« texte... Nous sommes donc en présence, non pas
« précisément d'une « méthode » nouvelle d'in-
« vestigations dont la « science sociale » serait
« appelée à retirer un bénéfice considérable, mais
« d'une méthode d'exposition et de vulgarisation
« qui, à sa place et dans certains milieux, est inté-
« ressante et peut, dans certains cas, devenir pré-
« cieuses... (1) »

Ainsi, d'après M. Calippe, ces études ne présen-
teraient d'utilité que pour les lecteurs incapables
de penser, sinon par images. Cependant l'emploi
de la méthode concrète, qui ne vise pas plus à fournir des illustrations pour textes un peu sévères
qu'à alimenter une collection de livres d'étrennes,
permet à la fois de couper court à des discussions
théoriques dans lesquelles, loin de tenir aucun
compte du réel, on n'hésite pas à le nier, et de
fournir aux efforts des théoriciens une base dans
la réalité même. Depuis de longues années, toute
une série de faits ont été oubliés ou niés par les
auteurs ou adeptes de diverses doctrines politiques
et économiques : ces doctrines, ainsi viciées, n'en-
veloppaient qu'utopie ou sottise : aussi leur application, dans la mesure où elle était ou pouvait
être tentée, entraînait-elle pour la société d'incal-

---

1. *Revue du clergé français,* p. 209.
Ces objections pourraient être aussi justement adressées aux
travaux et à la méthode de Le Play.

culables maux, de multiples réactions pathologi-
ques et dégénérescences. En scrutant les faits, on
échappe au péril de méconnaître les lois et de ver-
ser dans l'arbitraire ou de spéculer dans le vide.
La constatation des faits met un terme à d'abondantes discussions oiseuses qui s'éternisaient sans
profit. Mainte querelle d'école n'avait d'autre origine que l'ignorance de la réalité. La détermination
du contenu du réel résout la controverse ou s'oppose à l'éclosion de vaines disputes. De même que
dans les sciences naturelles, le fait rapporté par le
témoin a la valeur d'un témoignage : cela est
parce que je l'ai vu et que tout autre observateur
peut le voir à son tour. Ce témoignage enveloppe
une certitude qui clôt tout débat. En travaillant
sur ces faits, l'esprit s'élève aux formules qui
expriment tout l'intelligible que récèle l'expérience.
Lorsque le rationnel demeure en liaison intime
avec les données des sens, il y a grande chance
pour que s'édifie une doctrine adéquate au réel. Il
ne faut pas confondre l'utilité de la méthode concrète avec le besoin de certains esprits de voir,
pour la comprendre, de l'économie politique en
images ou en action.

L'abus de l'idéalisme et les inconvénients qui
en découlent ont amené, au début de ce siècle, une
réaction en faveur de l'étude des réalités. L'analyse
directe du réel apparaît ainsi, à tout le moins,
comme une méthode de circonstance, mais enfin
comme une méthode. L'aveu en échappe au criti-

que lorsqu'il reconnaît qu'il s'agit là de « recherches » et de recherches utiles : « l'utilité de telles recherches est indiscutable ». Pourquoi sinon parce qu'elle donne des résultats que ne donnent pas d'autres recherches ? Mais les recherches se différencient par les procédés qu'elles mettent en œuvre. Comment le critique pensait donc écrire, quelques lignes plus bas, qu'il ne s'agit « pas précisément d'une méthode nouvelle d'investigation…, mais d'une méthode d'exposition » ? Un procédé de « recherches » ne diffère pas d'une « méthode d'investigation ». Entreprendre une série de recherches inspirées par certains principes et soumises à certaines règles, cela s'appelle appliquer une « méthode d'investigation ».

Que certains esprits, rebelles à d'autres méthodes, se montrent plus facilement accessibles au genre de démonstration que l'usage de cette méthode-ci implique, il est possible et même certain : c'est le propre de toute méthode, quelle qu'elle soit, de plaire davantage aux uns et de moins convenir aux autres, de montrer pour ceux-ci plus et pour ceux-là moins d'efficacité. Mais cette considération de convenance personnelle demeure tout à fait indifférente à la question de savoir s'il s'agit ou non d'une méthode d'investigation ou seulement d'exposition.

On pourrait même contester, en l'espèce, la valeur d'une telle distinction : exposer, n'est-ce pas essentiellement exposer une recherche et donc recommencer, oralement ou par écrit, cette recherche ? L'exposition, c'est le récit de la recherche, la répétition verbale des phrases de la recherche. Si donc un certain mode d'exposition d'un problème a pour effet de produire la conviction dans un certain nombre d'esprits rebelles aux modes d'expositions antérieurement connus, cela ne peut s'expliquer que parce que les aspects, déjà vainement mis en lumière, du problème s'enrichissent d'aspects nouveaux capables de persuader. Et si la découverte de ces nouveaux éléments de solution et de conviction constitue une acquisition, les moyens nouveaux de réaliser cette acquisition constituent une méthode, et une méthode nouvelle, d'investigation et de découverte.

Bien plus. On peut se demander, indépendamment de l'espèce considérée, s'il existe jamais de différence substantielle entre la méthode de recherche et la méthode d'exposition, si celle-ci ne se borne pas à toujours refléter celle-là. Même ceux qui dénient toute valeur, comme moyen de recherche, à la scolastique, lui reconnaissent une valeur comme moyen d'exposition. Mais avouer qu'elle vaut pour enseigner, n'est-ce pas avouer qu'elle vaut pour découvrir ? Plusieurs biologistes, à la suite de M. Houssay, ne voient, dans l'hypothèse de l'évolution transformiste, qu'une bonne méthode pédagogique, mais aussi et du même coup la considèrent comme une méthode féconde de recherche.

Si la recherche concrète, en science sociale, est bien une méthode concrète de recherche, faudra-t-il la considérer seulement comme une méthode de circonstance, ou bien comme une méthode dont l'utilité serait permanente?

L'étude des réalités expérimentales est inséparable de l'usage d'une méthode expérimentale. Les faits, par définition, ne sont pas des réalités abstraites, mais concrètes : ils sont donnés à nos sens et non à notre raison; notre sensibilité les saisit, et non pas notre pensée si ce n'est au travers de notre sensibilité. Si notre jugement peut s'exercer sur les faits, nos sens, d'abord, doivent les recueillir ; et si notre jugement inspire déjà ce travail de nos sens, le fruit de leur travail inspire ensuite notre jugement. Donc, dans l'étude des faits, l'expérience conserve une valeur permanente, non seulement pour les enseigner, mais aussi et d'abord pour les découvrir. Elle permet, en outre, d'en déterminer la signification en nous conduisant jusqu'aux principes directeurs de l'expérience : ces principes étant enveloppés dans les faits dont ils règlent le déroulement, l'analyse des faits révèle nécessairement les lois auxquelles ils sont assujettis.

Assurément je n'entends pas qu'il soit nécessaire de chercher à atteindre à des conclusions certaines uniquement par cette voie expérimentale que j'ai cru pouvoir appeler la méthode concrète : il existe d'autres procédés expérimentaux et qui peuvent être plus féconds. Il n'y aura pas moindre intérêt, d'autre part, à continuer de recourir, même pour l'étude des choses de l'expérience, aux différentes méthodes *a priori :* l'idée et le fait, l'esprit et les choses, n'étant point séparés dans la réalité, doivent se rejoindre dans l'étude et les méthodes d'étude de l'abstrait et du concret. Les principes ne sont pas en un lieu et les faits en un autre ; les lois pénètrent le réel et le soulèvent ; l'analyse du réel décèle la présence et révèle la signification des lois, comme une analyse des principes universels peut aussi conduire à une certaine connaissance des réalités. Les lois ne sont-elles pas des réalités de fait ? et les faits n'expriment-ils pas la présence et le sens des lois ? L'étude du réel peut donc à la fois se poursuivre déductivement en passant de l'abstrait au concret et inductivement en passant du concret à l'abstrait.

J'ai précédemment pris fort nettement position en ce sens en affirmant que toutes les méthodes étaient d'un légitime et fructueux emploi, chacune d'elles d'ailleurs ne donnant que ce qu'elle peut donner ; l'importance des résultats diffère sans que pour cela le recours au moyen de les obtenir cesse d'être nécessaire. J'ajoutais que l'utilité de l'application de ces méthodes variées est d'autant plus grande que leur usage, en permettant d'aboutir à d'identiques conclusions par des voies très différentes, leur apporte le prix exceptionnel d'une multiple vérification. La riche complexité des phénomènes sociaux exige qu'on l'assiège de toutes parts et qu'on tente de la pénétrer et de la réduire par tous les moyens.

La méthode concrète une fois retenue comme l'une des méthodes expérimentales d'investigation et d'exposition scientifiques, on peut résoudre aisément la difficulté soulevée relativement à la notation et à la publication de certains faits qu'il serait intolérable de retenir s'ils n'étaient destinés qu'à des ouvrages de vulgarisation à l'usage de la jeunesse.

« Nous regrettons vivement, écrit M. Calippe, « que l'auteur ait cru devoir, par un scrupule « assurément excessif d'objectivité, reproduire « textuellement, ou à peu près, des blasphèmes « ou des obscénités choquantes qui empêchent de « mettre ses livres en n'importe quelles mains. « La préoccupation de faire une œuvre « scienti- « fique » l'a empêché d'apercevoir le point de vue « plus pratique que nous envisageons ici, parce « qu'il nous semble pour ainsi dire le seul qui, « dans cette entreprise, mérite d'être retenu (1). »

Si l'étude de l'action corruptrice d'un système politique et économique donné offre quelque intérêt, il est tout à fait vain de l'entreprendre avec l'intention de se borner à signaler en termes géné-

---

1. *Revue du clergé français*, page 209.

raux les conséquences constatées d'un tel système : une notation vague équivaut à l'absence
de toute notation ; le verbalisme de l'auteur ne
supplée pas à l'observation, il la supprime. Que
penserait-on d'une étude des religions et des
mœurs païennes qui, pour ménager la pudeur de
ses lecteurs, ferait le silence sur l'immoralité des
idées ou des symboles et sur les pratiques que ces
doctrines inspirent ? Suffira-t-il de recourir aux
figures de rhétorique et de s'attrister sur « la
corruption du siècle » ? Seuls, des faits ou des
paroles caractéristiques nous permettront d'en
juger. Un traité complet d'anatomie ou de patho-
logie ne souffre pas d'être rédigé dans les termes
requis pour l'enseignement des collèges. Si je me
propose d'analyser un certain milieu social, il ne
me suffira pas de dire « il est grossier » ou « il est
corrompu », ou d'employer toute autre expression
imprécise qui traduirait, fort imparfaitement d'ailleurs, le sentiment de l'auteur ; je devrai noter en
quoi consiste cette grossièreté ou cette corruption,
quels en sont la nature, le degré et l'extension, et
indiquer, si possible, son étiologie et sa force
propagatrice.

Lorsque les grossièretés transcrites ne sont pas
caractéristiques de la catégorie de travailleurs
étudiée, alors elles valent bien mieux — ou bien
pis — que cela ; elles caractérisent toute une
époque ! Voilà qui est de singulière importance à
retenir et d'une particulière gravité. La grossièreté

et l'obscénité ne sont pas du tout liées nécessairement aux habitudes des classes inférieures. Actuellement encore, il ne manque pas de travailleurs qui, pris individuellement ou en groupe, échappent à cette tare ; l'ordure n'apparaît dans leurs conversations que par exception et parfois même en secret, comme une chose honteuse. Mais c'est que pour la plupart ils ont reçu une éducation ou restent sous l'influence d'idées violemment combattues et déjà généralement proscrites. Quant aux autres, leur réserve s'explique par ce fait qu'ils gardent le souci de leur réputation et le désir que leur dignité de classe et leur dignité d'homme ne souffrent aucune atteinte.

M. Calippe « regrette » que j' « aie cru devoir... reproduire textuellement, ou à peu près, des blasphèmes ». Moi, je regrette que de tels blasphèmes puissent être proférés, je m'indigne contre leurs propagateurs et je m'attache à en déterminer la source. Ce qui est scandaleux, ce n'est pas que le blasphème soit reproduit, mais qu'il soit dit, qu'il soit même systématiquement semé par les agents de la religion d'Etat. Cette formule blasphématoire exprime, dans sa brutale concision, l'essence de l'enseignement officiel, la pensée secrète de la Sorbonne, de l'Ecole des Hautes Etudes, du Collège de France et de la Faculté de théologie protestante de Paris, leur vestibule et leur coulisse ; c'est du Réville, du Faye, du Goblet d'Alviella, du Guignebert, du modernisme oublieux des patientes

dissimulations d'un Le Roy, c'est du protestan-
tisme d'outre-Rhin importé dans les hautes sphères
germanisées, c'est du Renan qui a perdu l'art des
nuances, du Loisy pour débardeurs. Je décidai de
noter la formule incriminée lorsqu'après cette
enquête sur les débardeurs, d'autres enquêtes
m'eurent révélé que cet outrage se retrouvait, iden-
tique à lui-même, dans des catégories ouvrières
différentes et non pas seulement en France mais
à l'étranger. Je surprenais donc là, non pas l'expression individuelle d'une imagination sacrilège,
mais la répétition passive d'une leçon préparée
dans un certain milieu d'où elle était propagée
avec méthode dans toute la classe ouvrière de différents pays par des agents bien stylés : unité de
préparation et d'origine, et diffusion internationale
d'une formule ignoble, cette constatation suppo-
sait l'action de certaines sociétés cosmopolites et
mettait en évidence les effets d'une propagande
verbale qui joue, dans ce siècle de la presse et de
la brochure, un rôle d'une importance insoupçon-
née.

Pour ce qui est du langage simplement ordu-
rier, sa constatation conduit à quelques réflexions
utiles. Ainsi, à Roanne (1), les tisseurs montrent
une tenue de langage bien supérieure à celle des
teinturiers. Or, cette supériorité concerne, d'une
façon générale, des tisseurs, c'est-à-dire des ouvriers

1. V. *La vie ouvrière*, ch. II et III.

qui ont accompli un long apprentissage, et plus particulièrement les tisseurs d'une maison dont le personnel est exceptionnellement stable, recruté parmi les plus habiles et réunissant souvent les pères et les fils, même les petits-enfants. Donc, l'éducation professionnelle, l'habileté professionnelle, la stabilité héréditaire dans la profession et l'attachement à une usine donnée produisent une sélection automatique ; le niveau des éléments soumis à cette constance du milieu s'élève tout au moins par l'attitude extérieure et la discipline du langage. Ce progrès extérieur et formel suffit à lui seul pour témoigner d'une action éducative certaine qui est en rapport avec une sorte d'organisation embryonnaire spontanée du métier et à l'encontre de laquelle agissent toutes les forces de notre société moderne.

Il n'est donc pas indifférent, au cours d'une observation, d'avoir à retenir quelques grossièretés exceptionnelles ou de continuelles grossièretés. Est-ce la règle ou bien un accident ? C'est la règle ? Eh quoi ! voilà donc la mesure de leur abaissement ! Mais d'où cette habitude provient-elle ? En sont-ils les auteurs ou ne font-ils que la subir et savent-ils encore en souffrir ? Quelles causes ? Où, les responsables ? Et quels chemins ont suivi leurs efforts ? Puis, les actes répondent-ils au langage ? Cette dégradation n'agit-elle pas même sur la situation proprement économique des salariés ? L'exclusive préoccupation du moment présent et

la poursuite de la jouissance présente ne vont-elles
pas retentir sur leurs exigences à l'égard du capital, sur leur inorganisation professionnelle ? Leurs
habitudes égoïstes, leur conception animale de la
vie ne vont-elles pas les détourner de la recherche
d'un état social organique dans lequel joueraient
la prévision de l'avenir, le désir d'assurer le lendemain et d'assurer à ses descendants l'avenir, enfin
la volonté de vivre d'une vie supérieure ? Les grossièretés, la bassesse notées peuvent donc servir de
point de départ à la réflexion du lecteur qui réflé-
chit : l'impulsif, lui, ne réagira pas par réflexion,
mais par réflexe, s'indignant ou s'éjouissant d'un
mot cru ou d'un sentiment bas.

A ces deux premières critiques, M. Ch. Calippe
en ajoute quatre autres que nous allons examiner
successivement : étroitesse du champ explorable
par cette méthode, suspicion à laquelle l'observateur ne parviendrait pas à se soustraire, sentiment
que l'enquêteur garderait du caractère artificiel de
son expérience et qui la troublerait, danger des
généralisations injustifiées.

« Pour se faire « ouvrier », ne serait-ce que durant
« quelques semaines, il faut d'abord connaître un
« métier. Ce n'est pas déjà si commode, on en con-
« viendra. Et, à supposer que l'on en connaisse un,

« ne faudra-t-il pas, pour explorer d'autres profes-
« sions, pour pénétrer en d'autres milieux, en
« connaître un deuxième, puis un troisième, etc...
« Tout cela est, pour ne rien dire de plus, assez
« compliqué. Et il est assez clair que la méthode
« concrète ne conduira nombre de ses partisans
« qu'à des métiers non qualifiés, qui n'exigent
« aucun apprentissage, dit-on, et où il en faut un,
« tout de même que dans les autres, sous peine
« de passer pour un « novice »... Et voilà, de ce
« chef, bien limité le champ de leurs observa-
« tions » (1).

Pour réelle que soit cette difficulté, il convient
de n'en pas exagérer la portée.

Voilà trente ans, quarante ans déjà que les
ouvriers reconnaissent et disent que les métiers
sont gâchés et que l'on n'y fait plus de véritable
apprentissage. Les métiers qui malgré tout l'exigent sont le petit nombre : donc, l'étude du plus
grand nombre reste aisément accessible. A coup
sûr, à défaut d'apprentissage, une initiation est
nécessaire, mais la durée en est assez brève, quelques jours ou quelques semaines. Et, en fait actuellement, le passage d'ouvriers, non pas fictifs, mais
véritables, d'un métier à un autre, est incessant.

En outre, les métiers qui continuent d'exiger un
apprentissage sérieux réclament souvent la présence, à côté des professionnels, de non-profes

1. *Revue du clergé français,* p. 207.

sionnels qui les assistent et restent les témoins immédiats de la vie de métier et des réflexions des gens de métier. Or, c'est là précisément le but qu'il s'agit essentiellement d'atteindre, et on le voit atteint chez les mariniers malgré qu'ils n'aient pas besoin d'aides et malgré que l'observateur n'ait pas été régulièrement chargé de les aider.

Le champ d'investigation, qu'une critique superficielle inclinait à réduire, tend au contraire, après nouvel examen, à s'élargir.

Il y a mieux. Assurément, si un seul observateur devait étudier successivement tous les métiers, on pourrait légitimement objecter qu'il s'est attelé à une tâche qui le dépasse. Cependant il est inconcevable que l'application de la méthode concrète soit entendue comme imposant à un observateur unique l'étude successive de toutes les catégories ouvrières. Rien n'empêche que les différents métiers soient étudiés par une série d'observateurs connaissant chacun un métier différent : pour chaque observateur, la matière à explorer resterait encore assez riche puisqu'il pourrait poursuivre l'étude du même métier dans les différentes provinces et même en différents pays.

Enfin, M. Calippe a oublié d'opposer à l'emploi de la méthode concrète une difficulté autrement grave que celles auxquelles il s'arrête, et non insurmontable cependant : si, pour se faire ouvrier, il faut d'abord connaître un métier, pour se faire observateur d'ouvriers il faut d'abord apprendre à observer, métier plus malaisément accessible que tous les autres auxquels il s'appliquera.

Mais la suspicion ne va-t-elle pas envelopper nécessairement l'observateur au point de rendre toute observation impossible ? et n'en faut-il pas raisonnablement conclure à l'impénétrabilité des milieux ouvriers ?

« Ces ouvriers, ces novices d'allure plutôt « gauche, destinés à n'être que d'éternels appren- « tis, susciteront, en outre, de multiples défiances. « Leur ignorance du métier et des habitudes profes- « sionnelles, leur mentalité particulière et qui finira « bien par se trahir, leur curiosité toujours en « éveil accumuleront contre eux les soupçons et « même l'hostilité. Tout ce qu'ils sauront parfois « d'un métier, c'est qu'il est très « fermé » et qu'il « est impossible, par des expériences directes et « personnelles, d'en savoir plus. Et c'est précisé- « ment ce qui est arrivé chez les mariniers de « Douai, de Lens et de Vendin-le-Vieil, à l'auteur « de la *Méthode concrète* : on lui a montré de « nombreux bateaux, mais il n'est parvenu à s'em- « barquer sur aucun d'eux (1)... »

... Mais, par cela même, il a vu bien des choses qu'on ne lui montrait pas et qu'il n'aurait pas vues s'il était parvenu à s'embarquer du premier coup sur l'un des nombreux bateaux qu'on lui montrait.

1. *Revue du clergé français*, p. 207.

Les craintes exprimées ici par notre censeur sont profondément chimériques. « L'ignorance du métier et des habitudes professionnelles » ne provoque ni « soupçon » ni « hostilité », je le sais par expérience personnelle, et cela s'explique puisque le pseudo-ouvrier se présente comme ignorant le métier qu'il aborde et que la nécessité le contraint d'aborder, et puisque le cas d'un ouvrier qui abandonne, sous l'effet des circonstances, son métier pour en essayer un autre, se répète fréquemment. Ce pseudo-ouvrier ne suscitera pas « de multiples défiances » par son « allure plutôt gauche », qui n'est pas rare chez les vrais ouvriers ; il devra craindre, au contraire, d'avoir des allures trop dégagées ; c'est plutôt cette aisance de manières qui pourrait le trahir.

Ainsi que je l'ai déjà écrit (1), notre malheureux régime de divisions intestines et de délation universelle a rendu tous les ouvriers soupçonneux à l'égard de tous et de chacun (2). L'observateur n'échappera pas à cette loi générale du soupçon, plus ou moins rigoureuse suivant les circonstances particulières ; mais il sera soupçonné —comme le sont tous les « camarades » — en tant que « camarade », en tant qu'ouvrier, non en tant qu'observateur. Le propre du bon observateur est de ne

1. V. *Méthode concrète*, p. 52, 53.
2. Ce qui les incline à parfois chercher ou s'imaginer découvrir dans un compagnon d'atelier un mouchard du patron ou un indicateur de police.

pas faire observer qu'il observe ; s'il se borne à observer, nul ne remarquera sa « mentalité particulière » ni sa « curiosité toujours en éveil ». Que si cependant on lui trouve quelquefois un tour d'esprit particulier, lorsqu'il aura été amené à sortir de sa passivité apparente et de sa réserve calculée, alors on ne s'en étonnera pas, le sachant venu d'une autre ville ou d'un autre métier.

Rien de plus typique, à cet égard, que la défiance extraordinaire et renforcée des mariniers, prise à mon endroit en défaut au point que le charretier ait fini par me faire confidence des soupçons dont j'avais été l'objet et par chaparder devant moi des bouteilles du chargement. Or, à un certain moment, ils avaient cru que je pouvais être un espion de la Compagnie ! A l'inverse, ces soupçons, apaisés chez le vieux conducteur, ne se réveillent que sous l'influence d'une réflexion que j'émets précisément en vue d'en obtenir cette manifestation nouvelle.

Bien rares, en vérité, les métiers jaloux dont on peut être amené à redouter que l'observateur n'en sache rien de plus sinon qu'ils sont très « fermés ». Et si le corps des mariniers est effectivement très fermé comme ce livre le montre, ce livre témoignant du même coup qu'il a pu être précisément passé outre à ce rigoureux exclusivisme, la démonstration se trouve acquise de la pénétrabilité toujours possible des professions même les plus hostiles à l'étranger.

Une non-réussite fournit, avec un motif pour

chercher un autre moyen de vaincre l'obstacle, des indications non dépourvues de prix. Que l'échec de mes tentatives d'accès auprès des mariniers du Nord souligne la quasi-impossibilité de faire violence aux usages de cette corporation, il y a là une constatation des plus précieuses, car il est infiniment rare que, dans l'état inorganique actuel de la classe travailleuse, on rencontre encore un pareil obstacle : la persistance de cet obstacle met en évidence cette réalité que la nature de la profession individualise au sein de la société le groupe professionnel, le marque d'une empreinte particulière et rend tous ses membres solidaires par les habitudes d'esprit, de langage et de manières autant que par la communauté des intérêts et des besoins. Ce caractère profond du groupe professionnel peut être masqué dans beaucoup de professions où l'on entre, d'où l'on sort, que l'on traverse, où l'on passe, et qui semblent ouvertes à tous les vents bien qu'encore elles recèlent ces mêmes éléments communs, ces mêmes causes de cohésion, de synergie et de coenesthésie, qui s'accusent avec un relief extraordinaire chez les bateliers.

Cela m'est une occasion d'insister encore sur cette idée (1) qu'une expérience négative n'est pas nécessairement une expérience stérile et qu'à vrai dire toute expérience, quelle qu'elle soit et quoi qu'elle

1. V. *Méthode concrète*, p. 66-67.

donne, est toujours instructive sous certains rapports. Il suffit, au surplus, de lire mon observation sur les mariniers du Nord pour y trouver, chemin faisant, quantité d'autres traits qui sculptent plus profondément la psychologie batelière et précisent aussi les habitudes, le caractère, le « genre » de ceux qui vivent et travaillent au contact des mariniers, de ces débardeurs que les mariniers méprisent et redoutent tout ensemble.

Toujours d'après M. Calippe, la conscience que prendrait l'observateur du caractère artificiel de sa situation d'emprunt altérerait l'expérience qu'il poursuit. Il m'oppose, en effet, la remarque de l'ouvrier dont j'ai publié la lettre (1) : « ... cette vie « que l'auteur... a *un peu aperçue*...» ; il « savait « pouvoir en sortir un jour... »

Il importe de ne pas créer d'équivoque à propos de l'expression « un peu aperçue ». Quelques lignes plus haut (et d'ailleurs citées par M. Calippe), cet ouvrier écrivait : « C'est bien là le type né « de l'ouvrier en général, y compris l'ouvrier des « champs. » Une approbation aussi formelle ne permettrait pas la restriction du « un peu aperçue » si ce diminutif devait signifier mal ou insuffisamment aperçu. Par « un peu » et par « aperçue », le signataire de la lettre, comme il l'explique lui-même par

---

1. *Méthode concrète*, p. 95 et suiv.

la suite, veut dire que, pour avoir pleine conscience
de la vie ouvrière, l'auteur devrait y être précipité
à jamais, sans aucune espérance. Mais il n'est pas
nécessaire d'atteindre à cette pleine conscience
pour pénétrer suffisamment dans l'intimité de la
vie ouvrière.

Cette remarque intensément réaliste de l'auteur
de la lettre, j'ai dit (1) qu'elle s'était imposée spontanément à mon esprit au cours de mes premières
observations vécues. J'ai ajouté (2) qu'en effet
cela séparait radicalement l'observateur de l'observé, bien que tout de même l'observateur pût encore
éprouver quelque chose de cette angoisse au cours
d'une longue et vaine recherche de travail, ou bien
encore, par contraste, la ressentir aisément.

Enfin, une dernière réserve est tirée du danger
des généralisations indues :

« Dans l'étude des opinions, des sentiments, la
« règle *ab uno disce omnes* est on ne peut plus
« fausse... Quelques membres d'un groupe ne repré-
« sentent pas tous un groupe. L'écueil des monogra-
« phies, même « concrètes », c'est la généralisation.
« Quand même l'auteur ne généraliserait pas, ses
« lecteurs y sont portés. . » (3).

Mais qui a jamais dit qu'il convenait d'appliquer

1. *Méthode concrète*, p. 70.
2. *Id.*, p. 70-71.
3. *Revue du clergé français*, 15 juillet 1914, p. 214.

la règle *ab uno disce omnes?* Personne. M. Calippe, il est vrai, entend par là exprimer la crainte que, consciemment ou non, on ne tend à faire de cette formule une règle, et, de cette règle, une application inconsidérée. Mais ce n'est plus alors qu'une question d'espèce, de réflexion critique et de mesure.

Je me suis très nettement expliqué sur ce point (1). Autant une généralisation immédiate et définitive des faits observés serait abusive, autant leur stricte individualisation altérerait la réalité. Restreindre de parti-pris la portée de l'exemple ne serait pas moins dangereux que de lui donner, par système, une extension imméritée. On ne doit pas oublier que l'ouvrier vit beaucoup plus d'une vie collective que d'une vie individuelle : il sent, pense et agit surtout par masses. L'originalité individuelle est le produit d'un système complexe qui suppose les épais sédiments de l'éducation, de l'instruction, de la tradition familiale et des multiples influences qui se mêlent au carrefour d'une âme longuement cultivée. Pour un ouvrier, tout se passe beaucoup plus simplement. Sa formation est nécessairement bien plus rudimentaire, et elle est sensiblement moins sa propriété personnelle que le bien collectif du large groupe dont il dépend : livré au milieu formateur, il le reflète ; son âme aussi est vêtue de « confection » et non de « sur-mesure ». Mes recherches m'ont généralement montré mes com-

1. *Méthode concrète*, p. 65-68.

pagnons immédiats très semblables entre eux et très semblables à ceux qui étaient constamment ou entraient accidentellement en contact avec eux. L'intensité de la vie collective et la communauté de vie presque incessante ne permettent guère qu'ils se soustraient à son action. On se trompera souvent moins en généralisant qu'en s'abstenant de généraliser.

En lisant l'article de M. Calippe, on s'attendrait à ce que cette méthode — qui n'en serait pas une et comporterait d'aussi graves et multiples inconvénients — fût déclarée nécessairement stérile. Pas du tout ! M. Calippe avoue que cette méthode tant décriée présente cependant des avantages :

« Ces réserves faites, hâtons-nous de dire que
« cette méthode offre d'indéniables avantages et
« peut, sur certains points, compléter les autres
« ou suppléer à certaines de leurs insuffisances (1). »

Je n'avais rien dit de plus.

Voici l'enseignement que M. Calippe dégage de l'étude concrète des mariniers ; il retient, comme traits particulièrement révélateurs de leur vie, le détail de mon budget, leurs habitudes d'intempérance astucieusement exploitées par les débitants, leur état d'esprit anticlérical et l'illogisme de cet anticléricalisme, l'excès de leur ignorance, leur

1. *Revue du clergé français*, 15 juillet 1914, p. 208.

égoïsme tempéré par le sentiment de la famille. Les distances que les mariniers mettent et maintiennent entre eux et le débardeur, leur défiance et leur mépris du trimardeur, même du paysan, du terrien, lui font railler l'idée théorique de « l'unité ouvrière » (1). « La classe ouvrière ne forme pas « un tout homogène… Certaines idées égalitaires… « ne sont pas, du moins quand il s'agit de leurs « rapports mutuels, l'expression vraie de leurs « sentiments intimes… » (2).

J'avais déjà noté, dans *la Vie ouvrière* — à côté d'une profonde passion pour l'égalité, inspirée par des idées théoriques reçues du milieu extérieur et exprimant, au fond, leur désir de s'élever au-dessus d'eux-mêmes et de monter aux étages supérieurs de la société — une rivalité de préséance entre ouvriers et employés de bureaux d'usines (3), l'infériorité reconnue du métier de teinturier par rapport à celui de tisseur (4), l'équivalence, pour un ouvrier mécanicien, du métier de débardeur et du métier d'apache (5), le respect dû aux anciens (6), la supériorité conférée par un peu de bonne éducation (7) ou par un peu d'instruction (8), bref,

1. *Revue du clergé français*, p. 211.
2. *Id.*, p. 210.
3. *La Vie ouvrière*, p. 84.
4. *Id.*, p. 92.
5. *Id.*, p. 180-181.
6. *Id.*, p. 118-119.
7. *Id.*, p. 119.
8. *Id.*, p. 135.

l'existence d'une différenciation hiérarchique dans le monde ouvrier et l'importance attachée par les ouvriers à cette hiérarchie. C'est un des sentiments les plus profonds et les plus généraux des travailleurs. Je l'ai retrouvé constamment et plus nettement encore exprimé au cours de mes recherches ultérieures. Il semble naître, non d'une réflexion arbitrairement conduite ou inspirée par des idées du dehors, mais de la constatation immédiate de la nature des choses. La prise de contact directe avec la réalité dissipe ainsi bien des brumes idéologiques, et je n'aurais jamais pu soupçonner un tel état d'esprit chez les ouvriers si je ne m'étais confondu avec eux en revêtant leurs propres apparences. La méthode concrète est donc vraiment bien plus que l'illustration de doctrines nées de la pensée abstraite ou de ses rapports avec des documents abstraits : elle permet de découvrir des réalités méconnues, comme l'inégalité naturelle des hommes, le sentiment que les ouvriers ont de cette inégalité et leur volonté de la maintenir en tant que règle de leurs rapports.

Nous avons retrouvé sous la plume de M. Calippe des reproches et des réserves qu'avait formulés déjà M. du Passage et, chez l'un et chez l'autre, des objections que par avance je m'étais adressées et j'avais résolues dans l'opuscule sur *la Méthode concrète*. Il n'aura pas été vain d'y revenir à plusieurs reprises si cette insistance réussit à mieux éclaircir quelques difficultés sur lesquelles sans doute je m'étais insuffisamment expliqué.

Nous retiendrons, en dernière analyse, que ces deux censeurs, après avoir repris sans les renouveler ou les renforcer diverses objections à la méthode concrète que j'avais déjà exposées et critiquées, après y avoir ajouté quelques nouveaux reproches et avoir contesté jusqu'à la qualification de méthode et jusqu'à l'utilité de ce procédé d'observation, n'ont pu se retenir d'en extraire toute une série, d'ailleurs fort incomplète, de conclusions positives. Après avoir décrié de leur mieux ces observations vécues et y avoir promené, d'un air un peu dégoûté et en multipliant les menues paroles de mépris, leur crochet de chercheurs, ils ont fini par découvrir quelques résidus intéressants et en charger leur hotte de sociologues. S'il leur plaît de se livrer au même travail sur les enquêtes suivantes, souhaitons-leur semblable succès.

Octobre 1914.

TABLE DES MATIÈRES

IMP. JOUVE ET Cⁱᵉ, 15, RUE RACINE, PARIS — 3971-19

ERRATA

P. 1. — « Jean de l'Ecluse ». — Lire : « Jules ».

P. 67. — « Elle parlait avec une indignation croissante. » — Lire : « avec une animation croissante ».

P. 197. — « Leurs qualités personnelles et proportionnelles. » — Lire : « personnelles et professionnelles ».

www.ingramcontent.com/pod-product-compliance
Ingram Content Group UK Ltd.
Pitfield, Milton Keynes, MK11 3LW, UK
UKHW021507090726
13657UKWH00001B/93